中国 創造大国への道

ビジネス最前線に迫る

服部健治・湯浅健司・日本経済研究センター 編著

文眞堂

はじめに

1978年、中国の指導者、鄧小平氏が「改革・開放」の方針を打ち出してから、今年は40年目となる。文化大革命により荒廃した中国は、改革・開放政策により、ひたすら発展の道を走り続け、今や米国に次ぐ世界第2位という経済大国の地位を築いた。その変貌ぶりは目を見張るものがある。

改革・開放政策がもたらしたものは、マクロ的な経済規模の拡大だけではない。産業界を見てみると、巨大な国内市場を握ってきた国有企業や外国資本に対抗するべく、数多くの民間企業が力をつけ、様々な分野で市場をリードするまでに成長している。パソコンメーカーの聯想集団（レノボ）は外資に対抗した中国のＩＴ企業の草分けであり、それに続くインターネットの巨人、アリババ集団、百度（バイドゥ）、騰訊控股（テンセント）なども世界的な企業として、日本でもその名が知られるようになった。そして、彼らに共通するキーワードは「創造」と「イノベーション（革新）」である。

中国の将来を考えるとき、常にそれは悲観論と楽観論が交錯する。膨大な債務などリスクが顕在化して、経済成長のペースが大幅に減速するのではないか、というのが悲観論の代表例だろう。楽観論者は、習近平国家主席が２０１７年秋の共産党大会で打ち出した「21世紀半ばには総合的な国力と国際的な影響力が世界トップレベルの国家になる」という長期目標の実現を予想する。

日本経済研究センターは２０１７年12月に発表した「アジア経済中期予測」の中で、中国の実質成長率は17年の6・9%から30年には2・8%にまで低下するとした。これは今後、中国が過剰設備や過剰債務を整理するため投資が抑制され、少子高齢化の急速な進展もあって、労働、資本、生産性のいずれの要素とも、かつてのような伸びが期待できないという「標準シナリオ」に基づく予測である。このため、30年の時点では経済規模（名目GDP）はなお米国の8割強にとどまり、世界トップにはなれない。

しかし、「中期予測」にはもう1つのシナリオがある。それは、中国が教育や研究開発、あるいは社会インフラの質の向上によりイノベーションを加速させることができれば、TFP（全要素生産性）の上昇ペースが高まり、その結果、2030年の成長率は標準シナリオより1・8ポイント高い4・6%となる、というものだ。名目GDPは29年時点で米国を上回って世界最大に、日本と比べると実に5・4倍という規模になる見通しだ。

中国の長期的な発展をもたらすのは、「創造」であり「イノベーション（革新）」なのだ。政府もイノベーションの重要性を認識し、「自主創新」、「大衆創業、万衆創新」と呼ぶ戦略に基づいて、担い手である中国企業を様々な政策で支えている。その成果の一端が、最近、日本でも盛んに取り上げられるようになった深圳市での起業ブームだろう。アリババやテンセントの成功も、あくなきイノベーションへの挑戦の賜物である。

中国におけるイノベーションの実態はどうなっているのか。それを支える企業はどこまで国際的な競争力を備えているのか。「世界の工場」と呼ばれた中国の産業界は、どこまで質的な変化を遂げたのか。本書はそうした問題意識のもと、日本経済研究センターが毎年主宰する「中国研究」の201

7年度事業として、「中国　新産業論」というテーマを設定し各分野で優れた業績を残している第一線の研究者が共同研究した内容をまとめたものである。

共同研究会の座長は中国のミクロ経済の研究で活躍され、実務経験も豊富な、中央大学ビジネススクール・フェローの服部健治氏にお願いした。服部氏には全体の構成や各章の内容について、実に多くの点をご指導いただいた。このほか、ベテランの専門家から新進気鋭の学者まで多彩な方々を招聘した。編集作業は日本経済研究センターの湯浅健司が担当した。

各章とも共同研究会における議論や意見交換を通じて内容を深め、悲観的でも楽観的でもない、客観的な立場から見た中国を描くように心がけた。不十分な点があるならば、それはひとえに編集者の責任である。

中国では2018年3月の全国人民代表大会において、新たな政府首脳の顔ぶれが決まり、2期目の習近平政権が本格始動したばかりだ。様々な意味で節目の年を迎えた中国が、これからどうなっていくのか。本書が少しでも読者の参考になれば幸いである。

日本経済研究センター　首席研究員兼中国研究室長
湯浅　健司

目次

▶ 第1章

改革・開放から40年
「新時代」迎えた中国
――産業構造の変化と大衆消費社会の到来

中央大学ビジネススクール・フェロー
服部 健治

☞ **Point**

➢ 2018年は中国で改革・開放政策が打ち出されてから40年という節目の年に当たる。この間、中国経済は名目国内総生産（GDP）が世界第2位となるなど規模が著しく拡大する一方、近年では経済政策や経済運営においてより高い質的変化を求めるという「新しい時代」へと移りつつある。

➢ 「新しい時代」では非常に強い権力を持つ習近平国家主席の出現という政治的な背景のもと、投資主導の発展モデルから消費主導へとシフトしつつある。内需拡大、都市化、第三次産業などの発展とともに巨大な消費者群が誕生し、一層高度な消費者意識を生み出す「大衆消費社会」の到来をもたらした。

➢ 「大衆消費社会」では消費者心理が多様化し、「モノ消費」から「コト消費」、「安心・安全重視」へとニーズが変化している。企業はこうした成熟化した中国の消費者心理を的確に捉える必要があろう。

注目データ

投資主導と消費主導の相違

	投資主導	消費主導
最終目標	経済規模の拡大と高度経済成長	社会の全面的発展と人民の生活向上
経済構造	第2次産業が主体	第3次産業が主体
発展段階	離陸と成熟段階	大衆消費社会
発展方式	生産が主導し消費は従属的	消費が主導、生産は社会需要を満たす
生産方式	大規模な工業生産方式	多品種少量生産、イノベーション重視
消費構造	生存のための物質、モノ消費	消費の多様化、サービス・コト消費
消費性向	可処分所得はまだ低いので高い	所得の増加につれて低下する傾向

（出所）『消費主導』遅福林監修・五洲伝播出版社を参考に筆者作成。

1　「新時代」を迎えた中国経済

1-1　改革・開放から40年～量的拡大から質的な変化へ

2018年という年は、中国にとって大きな結節点である。1978年に鄧小平氏によって「改革・開放」政策が打ち出されてから40年という節目の年だからだ。40年の星霜は中国を大きく変えた。何よりも経済の規模が拡大し、17年の統計では名目ベースの国内総生産（GDP）は約11兆9000億ドル（約1300兆円）となった。日本は4兆9000億ドル[1]で、中国の経済規模は日本の2倍以上に増大した。

日本は1968年に旧西独を抜いて世界第2位のGDPを誇ったが、当時は第1位の米国を抜く力はなかった。それに比べて今日の中国は米国を射程距離に置いた第2位のポジションにあり、潜在的な成長力は巨大と言わざるを得ない。中国経済の規模の巨大化は、世界経済に大きなインパクトを与えており、特に2008年のリーマン・ショック以降、中国の動向は無視できず、グローバルマーケットに大きな影響を与えるようになった。人民元の国際化も中国経済のグローバル化という、流れの一断面であろう。

しかし、中国経済は量的拡大を続けるだけではなく、近年は質的な変化が著しい。具体的には、まず経済政策の転換があげられる。それは2016年から始動した第13次五カ年計画に具体化されている。政府は従来の投資主導と外需依存をベースとした高度経済成長型の発展政策から、「経済の質」

を重視する政策へとシフトしつつある。内需喚起を基盤とする安定経済成長へと転換する中で、政府の姿勢は、例えば、生産におけるイノベーションの重視や地域の協調発展政策などに明確にうかがえる。

質的な変化は、国民生活の改善が声高に語られるようになってきたことにも表れている。急速な経済成長がもたらす環境破壊に対して、従来から生態系の保全や環境の改善が強調されてきたが、さらに近年は人民の生活水準の向上が一段と求められるようになってきた。貧困の撲滅、格差是正、公共サービス（社会保障、医療、教育、住宅など）の重視、自然と人間との調和、シェアリングエコノミーの普及などがその表れである。

中国政府は経済発展の質的変化を図り、年率7％台の中高速経済成長（実質的には安定成長といえる）を「新常態」（ニューノーマル）と称している。中国経済は真の意味で「新しい時代」に突入していることは間違いない。

1－2　「新時代」の到来が意味するもの

実際に中国では「新時代」という言葉が強調されている。では「新しい時代」とは何なのか。それにはいくつかの側面から説明できる。

第1は政治動向における「新時代」である。「習近平時代の到来」と称することもできる。2017年10月に開催された中国共産党第19回党大会で採択された新しい党規約の中で「習近平による新時代の中国の特色ある社会主義思想」（習近平新時代中国特色社会主義思想）という言葉が明記された。習近平国家主席の政治権限の強化と政治的威光を高めることを目指したものであり、19回党大会は何よりも「習時代」の幕開けを宣言する場となった。党規約のポイントは「習近平思想」という表現が明示されたこと以上に、中国が新しい時点に到達したという意味で「新時代」をアピールすることにあったと思われる。習主席が掲げた「新時代」という言葉には、従来とは異なる中国の政治、経済、外交、軍事、文化の新段階が到来したのだ、という意気込みが凝縮されている。

1-3　大きく変わる消費性向～大衆消費社会の到来

第2の「新しい時代」の側面は、以前の時代とは大きく異なる消費性向に表れている。中国政府は計画経済時代の「欠乏経済」の反省から、1990年代初頭からの市場経済導入以来、総需要の喚起に力を注ぎ、総需要を構成する消費、投資、輸出の中でも投資（設備投資、公共投資＝資本形成）と輸出の増加に傾注してきた。需要喚起は経済循環の「生産→分配→消費」といったサイクルを活性化させる。高度経済成長の期間に、この経済循環の過程が強固に形成され、今日の中国経済の基盤を形作った。

ところが近年では、消費が投資や輸出に代わり、経済を牽引するようになっている。今世紀に入って消費（最終消費支出）のGDPへの貢献度は常に50％に近いか、それ以上である（図表1-1）。

消費とは生活のために必要な物資やサービスを費やすことであり、人間の生存の欲求を満足させるために物財を費やす行為である。経営学を基盤とする消費者行動論の立場からは、「サービス・情報を含む商品について、人間が購入（交換）・使用（経験）・所有（剥奪）・廃棄（リサイクル）を行う

図表1-1　総需要のGDPに対する貢献度（%）

年度	最終消費支出	資本形成総額	財・サービスの純輸出
2010	44.9	66.3	▲11.2
2011	61.9	46.2	▲8.1
2012	54.9	43.4	1.7
2013	47.0	55.3	▲2.3
2014	48.8	46.9	4.3
2015	59.7	41.6	▲1.3
2016	64.6	42.2	▲6.8

（出所）『2017中国統計摘要』（中国統計出版社）をもとに筆者作成。

過程で、消費者あるいは消費者と商品の関係に心理的・物理的・情報的変容を生じることである」といえる。(2)

リーマン・ショックの後、2010年には中国の1人当たりGDPは4000ドルを突破した。(3) そのころからGDPに対する投資と輸出の寄与度は低下し、それと反比例するように消費がGDPの向上に対する寄与において主導的な地位を確立していった。同じ時期から都市、農村ともに、1人当たりの所得が拡大する。都市部では11年に1人当たり可処分所得が2万元（約34万円）を超え、15年には3万元を突破した。農村部でも15年には1軒当たりの家庭純収入が1万元を超えた。所得の増加に伴い、1人当たり消費性支出は、都市部で11年に1万5000元を超え、農村部でも5000元を超えた。(4)

歴史的に見て、中国で改革・開放政策が始まる以前は、住民の消費は低単価の衣食が中心であった。改革・開放以降、住民の所得が増加するにつれて消費水準も向上し、1990年代に入ると家電製品など、特に耐久消費財の販売が拡大した。現時点ではカラーテレビ、冷蔵庫、クーラー、洗濯機などの耐久消費財は都市・農村とも9割以上の普及率である。(5) 生活に関わる消費財の基本的欲求が達成されてきた今日、消費ニーズは多様化し、選択的欲求へと変化している。まさに「豊かな社会」への欲求が高まっており、「大衆消費社会」の様相が具現化してきた。(6)

大衆消費社会では消費者の意識レベルが確実に高まり、高級品志向が顕著となる。個性的な商品が流行し、安心・安全・良質・信頼が重視されるとともに、デザインや機能性の優れた商品が好まれるようになる。さらに、「体験」が消費の新たな傾向を作りだす。いわゆる「モノの消費」から「コトの消費」への、消費者行動の変化である。具体的には観光やレジャー、文化活動、教育といった分野で消費が促進され、より個人的な事象を求める傾向が強くなってきた。消費者行動の多様化、個性化を促進させているのが、流通業、小売業、ネット通販の発達であり、メディア、広告による購買意欲の誘導である。

1-4　産業構造の転換～第3次産業の成長

「新しい時代」が意味する第3番目は、経済の構造的な変化である。大衆消費社会の到来を支えている経済基盤の変化といってもよい。構造変化のひとつは、GDPの産業別構成比に顕著に表れている（図表1-2）。

改革・開放政策が始まって以来、中国経済は一貫して第2次産業が主導してきたが、今世紀に入り第3次産業の比率が拡大した。2013年には46・7％となり、44・0％の第2次産業を超え、15年にはついに50％を突破した。(7)産業別構成比だけでなく、その伸び率も常に8％前後を維持しており、第2次産業より高い。第2次産業の中でも製造業は過剰設備のため、年々、平均設備稼働率が低下し

図表1-2　総需要のGDPに対する貢献度（%）

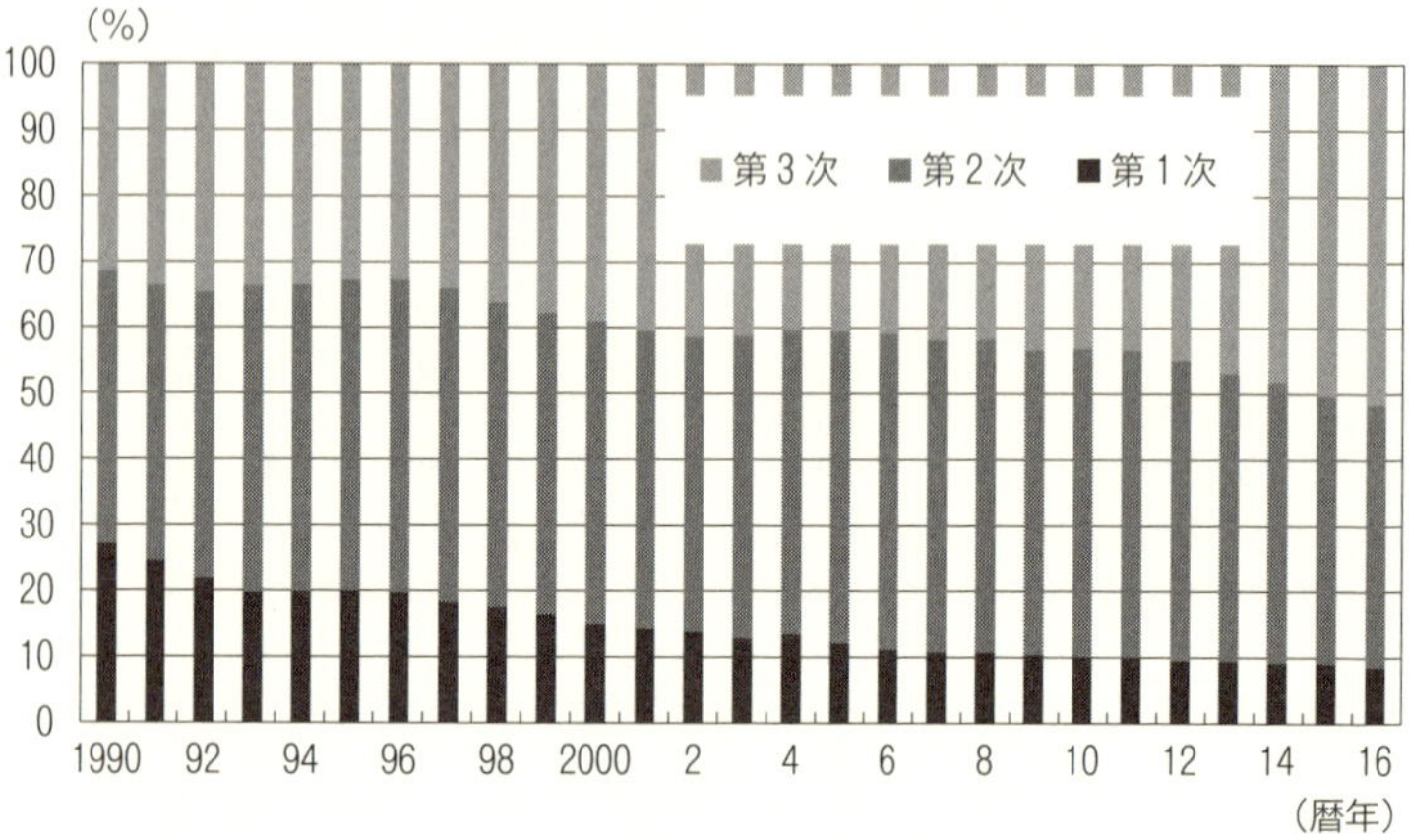

（出所）『中国統計年鑑』を参考に筆者作成。

ている。[8]

産業別就業者数をみても第３次産業は全体の４割以上を占めている。この状況は日本の１９７０年代初めに相当する。[9] 欧米や日本などと比較するとまだ第２次産業の比重は大きいが、今後は第３次産業が増長する可能性が高い。

金融や商業、運輸、情報通信・教育・医療・娯楽などのサービスを含む第３次産業の台頭は経済構造の高度化といわれる。設備投資に多額の資金がかかる製造業と違い、サービス産業では資金回転が速くなり、通貨供給量の増加に強い影響を与える。例えば２０１６年の現預金総額（Ｍ２）は10年の2倍以上の１５５兆元であり、[10]「カネ余りの時代」ともいえる。

第３次産業のシェアが大きくなると、情報、知識、技術などのサービス化が格段に高まり、多くの業界においてソフト的な業務が増大し、いわゆる「経済のソフト化」という時代に突入する。これこそ大衆消費社会の到来を支える価値の変化である。

1-5　急速な都市化の進展

都市化の進展も中国経済の大きな構造変化であり、「新しい時代」を形作る1つである。中国の都市は広大な農村地区を含む都市も含めて、省級、地級、県級の3行政区に広がり、現在、その総数は681市ある。改革・開放政策が始まった1978年当時は193市だったので、40年間で3・5倍に増えたことになる。都市人口1000万人以上のメガシティ（巨大都市）は14で[11]、1人当たりGDPが1万2000ドルを超える都市が28もある[12]。

中国には都市戸籍と農村戸籍があり、都市戸籍人口の都市化率は2016年で41・2％であるが、常住人口でみると都市化率は57・4％である[13]（常住人口と都市戸籍人口の差は「農民工」と呼ばれる出稼ぎ労働者の数であり、15年時点で約2億7750万人）。中国では11年に常住都市人口数が農村人口数を超えた[14]。この状況は日本の1950年代半ばに相当する。

中国の都市化は西側諸国と異なり、その進展のペースは非常に速い。農業社会から都市国家へと転換するのに英国は150年、米国は100年もかかったが、中国の都市化率は1980年代から上昇し、わずか30年間で50％を超えた。それも漸進的な都市化ではなく、一気に各地で数多くの都市が誕生した[15]。急激な都市化は、都市部において人口の急増とともに「消費社会」を生み出してきた。都市人口を養っていくための大きな変化が消費といえる。

2　習近平国家主席が提唱する「新時代の社会主義思想」とは

第19回党大会で採択された党規約における「習近平による新時代の中国の特色ある社会主義思想」は「マルクス・レーニン主義」、「毛沢東思想」、「鄧小平理論」、江沢民氏による「3つの代表」、胡錦濤氏による「科学的発展観」に続く、重要な「行動指針」と位置付けられ、「マルクス主義の中国化の最新の成果であり、党と人民の実戦経験と集団英知の結晶」と礼賛された。指導者の名を冠した「行動指針」は「毛沢東思想」と「鄧小平理論」だけで、その意味で習近平国家主席は毛沢東、鄧小平という歴史上の偉人に並ぶ権威を獲得としたともいえる。

では、「習近平による新時代の中国の特色ある社会主義思想」（新時代の社会主義思想）とは何なのか。改めて「新時代」の意味を、経済政策の側面から読み解いてみたい。

2-1　「社会主義現代化強国の全面的な建設」への道

党大会の初日、習主席が読み上げた「政治報告」（以下、報告）のタイトルは「小康社会の全面的完成の決戦に勝利し、新時代における中国の特色ある社会主義の偉大な勝利を勝ち取ろう」であり、その内容を「社会主義現代化強国の全面的な建設」の道筋を示したものとして自賛している。ここに「新時代の社会主義思想」を理解するカギがある。

「小康社会」とは日本語に翻訳しにくい。かつて、鄧氏がこれを中国近代化の目標に掲げたときは

図表 1-3　中国の５つの発展段階論

第１段階	貧困社会	貧窮した状態。世界銀行が示す貧困ライン以下
第２段階	温飽社会	衣食が満ち足りた状態。世銀の低収入国
第３段階	小康社会	部分的にいくらかゆとりのある状態。世銀の中低収入国
第４段階	全面的小康社会	全面的にいくらかゆとりのある状 態。世銀の中上収入国
第５段階	富裕社会	裕福な状態（最富裕層も含む）

（出所）孟健軍　RIETI Discussion Paper Series 12-J-009「2020 年全面的小康社会への展望」。

「ややゆとりのある社会」「まずまずの生活ができる社会」と訳され、中進国レベルの社会がイメージされた。その後、２００２年の第16回党大会で「２０２０年のＧＤＰを00年の４倍にする」という「全面的小康社会建設」が打ち出された。習主席はこの方針を引き継ぎ、「全面的小康社会」が実現した後の、さらにその先の国家像を「社会主義現代強国」と呼んで、新たなビジョンを打ち出した。「強国」という言葉が「党規約」の中に盛り込まれたのは今回が初めてである。(16)

中国経済を理解するうえで、指導部や政府が描く国家発展のイメージを知る必要がある。「小康社会」はその大きな目印とも言え、この概念のもとに、一般的に５つの経済発展段階に分類される（図表1-3）。

鄧氏は「社会主義市場経済」を提唱し、市場経済の導入によって、生産力の向上を目指した。そこには、「欠乏経済」がソ連崩壊の大きな原因だったという反省が基本にあった。巨大な生産力を達成した今日の中国経済において、習主席は生産力向上より、むしろ生活の質の向上を主眼とし、質的向上にそぐわない不均衡など格差の問題を重視している。党大会での報告では「中国社会の主な矛盾は、人民の日増しに増大するすばらしい生活への需要と不均衡・不十分な発展の間の矛盾に変化した」と指摘し、(17)共同富裕を強調した。

では、「新時代の社会主義思想」にある「新時代」とは何なのか。習主席が２０１２年11月に共産党総書記に就任して以来唱えている「中華民族の偉大な復興」「中国の夢」が真に実現する過程に入ったことを示す、極めて政治的なスローガンと考えてよい。

中国ではこれまでも「２つの１００年」という言葉が強調されていた。中国共産党創立１００年（２０２１年）と中華人民共和国建国１００年（２０４９年）のことである。この２つの１００年に当たる年に、中国がどのような国家になっているかを描く過程が現実味を帯び、それを形容し、強調する言葉が「新しい」ということである。新しい発展戦略を描くことが19回党大会の大きなテーマであったし、中国の経済発展が重要な節目を迎えたことも示している。

「新時代」は３つの段階に区分される。第1段階は、中国共産党創立１００周年の前年の２０２０年までで、従来からの目標である「小康社会」を全面的に完成させる期間である。続く中華人民共和国建国１００周年の２０４９年までの時期は２つの段階に分けられる。最初の段階、つまり２０２１～35年は社会主義現代化の完成時期と考えられ、共同富裕が建設される段階でもある。さらに36～49ないしは50年という21世紀半ばの期間で、富強・民主・文明・調和の社会主義現代化強国の実現を目指すとしている。なお、社会主義現代化強国という言葉が公式に使用されたのは今回の党大会からである。

ここで問題となるのは、なぜ２０３５年という時期を設定したのか、さらに「強国」とはどのような状況なのかということである。まず２０３５年であるが、これまで中国が打ち出していた目標は「今世紀半ばまでに社会主義現代化を基本的に実現する」というものだった。これを15年も繰り上げ

「35年」とした理由は、これまでの改革・開放40年の実践からみて、35年時点で1人当たりGDPは欧米先進国並みの3万ドル近くに到達することが可能と判断したため、と思われる。16年の1人当たりGDPは8260ドルであるが、20年には1万ドルを実現、35年には先進国の仲間に入ることを目標とした(18)。

「強国」については、具体的な指標が示されたわけでないが、習主席は報告において「総合的な国力と国際影響力において世界の先頭に立つ国家」とうたっており、「強国」という言葉には習主席の野心と意気込みがうかがえる。まさしく「中華民族の偉大な復興」「中国の夢」の実現であり、米国以上の大国になることを夢想している。

こうした政治プロセスを「新時代」と唱え、新しい発展段階と考える背景には、習主席を筆頭とする中国共産党の新しい世界認識がある。それは「人類運命共同体」とか「新型国際関係」という表現や「一帯一路」構想にも具現化されている。

2-2　「新時代」に入った中国経済の本質

中国の「新時代」を歴史的な動きの中でとらえることも重要である。

今世紀に入って、20世紀における「パックス・アメリカーナ」の時代、つまり「米国一極支配」は終焉を迎えていることは歴然としている。世界金融危機の後に生まれた、主要20カ国・地域首脳会議(G20)サミットの成立がその証左である。特に冷戦終結後、グローバリゼーションのもとで、資本は国民・国家の制約を超えて新しい価値を生むかのように見えたが、米国自体がトランプ政権の成立により自由貿易を拒否し、英国も欧州連合（ＥＵ）離脱を決めた。

一方で、改革・開放政策を推進してきた中国はグローバリゼーションのもとで、最も恩恵を受けた国である。欧米や日本などの工業国家は中国市場を活用して関係を強めた。今や、中国は米国と並び、世界経済の動向を握る存在となっている。そのことは中国自身が世界市場における役割を問われており、同時に日本を含む欧米システムの資本主義国が、中国の台頭にいかに対応するかが迫られていることを意味する。[19] これが中国の「新時代」を巡る歴史的な動きである。

では、「新時代」に入った中国経済の本質をどう見たら良いだろうか。つまり、中国の本質は資本主義経済ではないのか、という問いである。

従来から中国を「開発独裁」とみる議論は多かった。権威主義的な政治システムのもと、開発志向の強い資本主義的要素を持った経済体制を実行しているとの見方である。[20] さらに近年は、中国を「国家資本主義」とする見解が広まっている。一党独裁下で市場経済運営を管理し、政府による民間経済の代行と介入を行うシステムを指す。国家資本主義の議論の中で、故加藤弘文教授は「曖昧な資本主義」という概念を示した。[21] その特色は①それぞれの経済主体によるルールなき熾烈な競争②国有経済が優位に立つ混合体制のもとで外資をうまく活用③地方経済の発展に尽力する上昇志向の強い官僚群による市場化促進④党、官僚の利益集団化――というものである。

中国資本主義論に関しては、様々な議論がある。関志雄氏は、中国の市場化過程を分析し資本主義の原始蓄積過程（資産階級と無産階級の形成）に相似するとして「原始資本主義」と評した。[22] 2000年以降、中国は国家資本主義に変質したとみる見方や、毛沢東時代をすでに「国家資本主義」、鄧小平時代を「私的資本主義」とする見解もある[23]。丸川知雄氏は、国営企業などの国家的要素の重要性を認めつつ、民間企業をはじめ国家的制度の枠外で活動する個人、集団、共同体などの要素を強調し「大衆資本主義」と称している[24]。その議論と関連し、駒形哲哉氏は中国の社会主義市場経済を「大衆資本主義を包摂する国家資本主義」と把握し、キャッチアップ工業化に対応する中国固有の仕組みと捉える[25]。

日本の中国経済研究者の多くは中国経済を「資本主義」と把握するのに対して、中国では「国家資本主義」という議論を明確に否定している。中国においては、共産主義を理念に持つ共産党の統治を前提に、発展過程では柔軟な施策も取り得る、とする見解である。貧困からの脱出という意味で「開発主義」は容認するも、「開発独裁」（中国語で開発専制）という表記は認めていない。なぜなら、アジアの開発独裁国家の多くが民主化し崩壊していった経緯があるからである。中国が認めない「中国資本主義」にどこまで説得あるアプローチができるかが問われている。

3　新しい社会の出現〜大衆消費社会の到来

近年、中国経済に新しい現象が起こっている。いずれも消費動向にかかわる事象である。1960年代、70年代に日本の消費動向が大きく変化する中で広く言われた言葉「大衆消費社会」と同じような、あるいはより一層進化した現象が中国社会に広まっている。20世紀までは東部沿海地方が経済的に発展したが、21世紀に入り、内陸地区にも大衆消費社会の現象が拡大している。それは3つの現象に集約される。１つは豊かさの拡大である。２つ目は消費者の力が購買力となって台頭してきたことである。３つ目は消費者心理の重要性が増し、消費の多様性を生みだしていることである。大衆消費社会の出現はさらに電子商取引（ＥＣ）の急成長という新たな状況ももたらしている。

３－１　豊かさの拡大

まず豊かさの拡大を見てみたい。改革・開放政策が進行する過程で、１９８０年代終わりから90年代にかけて都市近郊の農村地区には「万元戸」という言葉が広まった。年間収入が１万元以上になった農家を指し、豊かさを象徴する代名詞であった。農村の１人当たり収入は２０１５年に１万元を超え、改革・開放政策が始まった１９７８年と比べて80倍以上に増えている。都市部では１人当たり収入は05年に１万元を超えた（図表１－４）。

図表 1-4　都市・農村の１人当たり収入（元）

年	都市	農村
1978	343.4	133.6
1980	477.6	191.3
1990	1510.2	686.3
2000	6280.0	2253.4
2010	19109.4	5919.0
2011	21809.4	6977.3
2012	24564.7	7916.6
2013	26955.1	8895.9
2014	28381.0	9892.0
2015	31790.3	19772.0
2016	33616.0	12363.0

（出所）『中国統計摘要 2017』から筆者作成。

中国国家統計局は「全国人民小康生活水準基本指標」という総合指標を2000年に発表した。「小康生活水準」は①経済発展水準②物資生活水準③人的指標④精神生活水準——が測定の対象となっている。この指標によると今世紀に入り「小康生活水準」に到達した人口は6億1560万人で、総人口の49・9%を占めている。特に北京、上海市などの沿海市区では「小康生活水準」を大きく上回り、1人当たりGDPが「中等レベルの先進国の水準」に達しつつあるとする見解もある。(26)「小康生活水準」に達した階層は、いわゆる「中産階級」に属するのだろうか。英エコノミスト・インテリジェンス・ユニット（EIU、英誌エコノミストの調査部門）が、中国人の4分の3が2030年までに中間所得層になり、中国は「中所得国」になると予測したことがあった。

その際、人民日報の電子版は、中国労働学会の蘇海南副会長のコメントとして、「現在、中国には中間所得層の労働者が全国の労働者総数7億7000万人の20%に当たる1億6000万人いる。さらにその扶養家族2億4000万人以上を加えると、中間所得層は総人口数13億6700万人の18%を占める」という数字を紹介している。(27)

日本は1983年頃に1人当たりGDPが1万ドルを突破した。(28) 中国は2020年に迎える「全面的小康社会」の時点で1万ドルを超える可能性が高い。日本と単純に比較はできないが、各国の歴史の発展推移から推測すれば、中国の豊かさはまさに確実に端緒についたといえる。

3-2　消費者の力

「世界消費者権利デー」という日がある。国際消費者機構が1983年に提唱した記念日で、3月

15日に制定されている。中国では1997年から国営中央テレビ（CCTV）がこの日に特別番組（315晩会）を組み、消費者の利益を保護していないと見なした企業を名指しで取り上げるようになった。日本企業もいくつかの製品がやり玉に挙げられてきた。

また、11月11日は「独身の日」と呼ばれ、EC最大手のアリババ集団や同2位の京東集団が注目して、2009年からこの日に向けて独身者のための大規模な通販セールを実施するようになった。セールの規模は年々、拡大していき、アリババの当日の取引高は2016年が1207億元、17年には1682億元にのぼった[29]。

こうした現象にみられる消費動向の背景に、消費者の力の台頭を見ることができる。政府も購買力を付けてきた消費者の力を軽んじることができず、「消費者権利デー」のように消費者の利益保護をうたう。企業も多様化する消費者の動向を研究し、新しいマーケティング戦略が策定することが求められている。

消費の多様性を支えているのは、耐久消費財の普及がベースになっていることを見落としてはならない。戦後の日本においても消費生活が伸びていくにつれて、「3種の神器」とよばれる耐久消費財の家電製品の普及が先行した。高度経済成長が始まった1950年後半には電気洗濯機、電気冷蔵庫、白黒テレビであり、60年代半ばになるとカラーテレビ、クーラー、自家用車であった。1970年の普及率は白黒テレビ90％、冷蔵庫93％、洗濯機92％である[30]。中国の保有率をみると、冷蔵庫、洗濯機などでは日本の1960年代後半から1970年代初めに相似する（図表1-5）。日本の高度成長期から類推するなら、中国は依然として経済成長期にあるといってもよい。

図表 1-5　耐久消費財保有率（2016 年、100 軒当たり、%）

耐久消費財	全国平均	都市住民	農村住民
乗用車	27.7	35.5	17.4
洗濯機	89.8	94.2	84.0
冷蔵庫	93.5	96.4	89.5
カラーテレビ	120.8	122.3	118.8
家庭用エアコン	90.9	123.7	47.6
携帯電話	235.4	231.4	240.7

（出所）『中国統計摘要 2017』から作成。

3-3　消費者の心理

消費者の購買意欲は消費者の心理を反映したものである。消費者の心理の変化は、製品の販売動向に大きく影響する。

最近の食品を例にあげると、中国では即席麺や清涼飲料水メーカーの業績の落ち込みが目立つ。即席麺最大手の康師傅控股（カンシーフ）は2016年上半期の利益が64・75％も下落したほか、飲料大手のコカ・コーラも中国での利益が4・6％減少した。清涼飲料水ではペプシコーラ、娃哈哈集団（ワハハ）も3年連続で売り上げが減少している。アイスクリームや菓子類などのメーカーも苦戦している[31]。

一方で同じ食品でも健康食品は急速に伸びており、例えば、ヨーグルトの売り上げは2015年には20・6％も伸びた。食品だけでなく、健康志向の強まりは他の製品にも影響を与え、空気清浄器やマスク、浄水器の売り上げは急速に伸びている。健康志向の背景には安全、安心の商品を求める消費者ニーズの高まりがあり、これは中国人の消費の考え方が変わってきた表れである。安心、安全を求める消費性向の基本は高品質の追求であり、消費者行動の高度化といえる。これも新しい現象である。

個性を重視する消費動向も最近の特徴である。とりわけ80後、90後と呼称される世代（１９８０年代、90年代生まれ）は、個性的な消費行動が際立っている。例えば旅行では、旅行会社が企画するツアーに参加するのではなく、「私人定制」（プライベート注文）といわれる個人旅行が増加している。また、都市部の消費者は伝統的なブランド品よりも新しい品物を好むようになっている。彼らは新しい生活方式に合致した思考や価値を優先させようとしている。消費に自己のアイデンティティーを求めるのは消費者行動の細分化ともいえる。

日本ではここ数年、中国人観光客の「爆買い」が話題となってきた。人気の商品は炊飯器や魔法瓶、温水洗浄便座、セラミック包丁などで、化粧品、医薬品、紙おむつなども大量に買われた。なぜこうした現象が起こったのか。裕福になった都市中産階級の消費動向が高度化、細分化しているにもかかわらず、中国で販売される製品の多くは、そのニーズに合致していないことが大きな理由であろう。日本には中国の消費者のニーズを満たす、高品質でデザインがよく機能性の高い製品があり、来日客によって集中して買われた。最近では「爆買い」現象は下火になったが、いまだに品質の高い製品には根強い人気がある。

3-4　急拡大するEC、シェアリングエコノミー

中国政府は２０１５年11月、「新消費が新供給、新事業の原動力を加速育成する牽引の役割を積極的に発揮することに関する指導意見」を発表した。この中では、「新消費」が経済成長を牽引する新しい役割を担っていると、その意義が強調されている。また、今後拡大する消費分野として「サービ

ス」「情報」「環境保全」「流行（ファッション）」「農村」「品質向上型」の6つを指摘し、これらは消費促進の重点領域としている。

6分野の中でも成長が著しいのは情報分野におけるECである。中国のスマートフォン（スマホ）利用者は2017年で5億2000万人とされ、消費者の48％がスマホで買い物をしており、その比率は米国の33％より大きいという[32]。スマホの普及とともに、ECの規模も拡大を続けており、2016年の取引高は前年比19・8％増の26兆1000億元で、世界のEC市場の約4割を占めた[33]。実店舗が少ない農村地域や内陸の中小都市の消費者も手軽に製品を購入できるため、消費におけるECの割合は高まる一方である。

ECは流通網や金融決済システムなどハード面、制度面の整備が伴わないとうまく機能しない。近年の高速道路や高速鉄道など交通網の急速な拡充や、金融ネットワークが飛躍的に発展したことが、中国でECが大きく進展した要因といえる。企業側もアリババ、京東といった大手が偽造品を排除するなど、健全な商取引を実行したことも注目されよう。安心と利便性を提供することで多くの消費者をつかみ、活発な利用につながった。

新しい消費形態として、さらに注目されるのはシェアリングエコノミーの拡大である。日本同様、中国も毎年、「今年の漢字」を選んでおり、2017年は「享」と「初心」だった。「享」とは分かち合うという意味で、シェアリング・エコノミーを中国語では「分享経済」という。中国において分享経済は大流行していることがよく分かる。実際に、他人とモノをシェアするサービスの利用率は、中国は米国よりも高く、47・2％になるという[34]。

4　「モノ消費」から「コト消費」へ

中国では消費者心理の多様性に促されて、消費者行動の高度化、細分化が進行してきた。さらにECなど消費の形態も多様化してきた。多様性の中には、体験に価値を求める消費行動も目立ってきた。

こうした消費行動は「コト消費」と呼ばれる。「コト消費」とは、「製品を購入して使用したり、単品の機能的なサービスを享受するのみでなく、個別の事象が連なった総体である『一連の体験』を対象とした消費行動[35]」とされる。体験的消費となると、旅行をはじめエンターテイメント、アミューズメント、音楽、教育、文化事業、スポーツ、ダンスなど多くのジャンルがある。

消費者の行動がモノの消費からコトの消費へと移行しているのは、可処分所得の増加が基本的な条件であるが、主体的な条件としては、消費者の基本的欲求がある。消費者の基本的欲求は「ニーズ」(needs) と呼ばれる。この「ニーズ」には、生理的ニーズ、実用的ニーズ、心理的ニーズといったような様々な分類がある。消費者が買い物をする原因は動機 (motivation) と呼ばれる。ニーズは様々な動機の一つの要素であり、動機は消費者の行動と持続を説明するときの概念である。

ニーズが特定の対象に向けられるものが、「ウォンツ」(wants) で、購入能力に見合った特定の商品に向けられるウォンツが「デマンド」(demand) という。例えば、車が欲しいというのはウォンツ、具体的にトヨタの車が欲しいとなるとデマンドになる[36]。大衆消費社会は消費者のニーズをデマンドのレベルまで引き上げる社会ともいえる。

5　おわりに

5－1　ロストウ氏の予見～成熟段階に入った中国

米国の著名な経済学者、ウォルト・ロストウ氏は主著「経済成長の諸段階」の中で「経済は離陸段階と成熟段階を経てから高度大衆消費の社会に入る。離陸と成熟の段階では経済を刺激するのは主として投資であるが、大量消費に支えられる高度大衆消費社会の段階においては消費需要が経済の持続成長の保証となる」といった趣旨に言及している。

また、欧米、日本などの経済発展過程を分析した後、高度大衆消費時代の彼方として「軍備競争と新興国家」の問題を提議している。「経済成長の諸段階」は冷戦期に書かれたので、軍備競争の懸念はもっともだが、気になるのは新興国家について述べている点である。

「地球の南半分全部及び中国が離陸のための先行条件段階ないしは離陸そのものに活発に専心しているという事実である。……彼らの行く先に予見される成熟期を思うとき、次のような問題が浮かび上がってくる。やがてわれわれは、技術的成熟に達したと気づくことによって侵略心を誘発された新しい政治指導者が次々にあらわれてくるのをみることになるであろうか、それとも人類の全地球的規模での調和が結果することになるであろうか、いう問題である[37]」。

中国はすでに「成熟段階」に達していることは明白である。ＧＤＰは世界第2位の規模で、鉄鋼や家電、自動車はじめ主要な製品の生産高、あるいは輸出入総額、外貨準備高などは世界トップである。巨大な経済規模を背景に、中国は外交において「侵略心」があるとも批判されかねない行動を見せ始めている。他方、国際金融や地球環境の保護においては「調和」的な態度をとっている。ロストウ氏の予見の一端を垣間見るようである。

5-2　大衆消費社会が抱える課題とは

これまで述べてきたように、中国経済は成熟段階の基調である投資主導から、消費主導の大衆消費社会の状態へと突入している。

大衆消費社会は、消費にまつわる新しい社会問題、あるいは権利に関わる法的問題にも直面する。大衆消費社会において、消費の拡大は消費に関わるトラブルも増大させる。ブランド品の偽造品販売など、知的財産の侵害案件は多くの外国企業を悩ましている。より深刻なのは食品や薬品の偽造品であり、国民生活の安心や生命の安全をたびたび脅かしてきた。そうした過程を経て、中国でも「消費者保護」の考えが浸透してきた。

1980年代以降、消費者利益といった考えが広まり始め、消費者保護運動へ進展していった[38]。81年6月にタイ・バンコクで開催された国連のアジア太平洋経済社会理事会「消費者を保護する協会」に、中国は初めて参加した。84年12月には「中国消費者協会」が政府の許可を得て設立され、さらに中国の世界貿易機関（WTO）加盟以降、消費者保護の運動は一層高まり、1994年1月に消費者の公正な取引を保護するために「中国消費者権益保護法」が実施された。その後も消費者保護の法律は陸続と施行されていった。

しかし、消費者保護において、中国ではなお課題が残っている。1つはインターネットの普及はすさまじいが、一体どこまで個人のプライバシーが保護されているのか、という点である。また、「中国消費者権益保護法」が実施された時点では、今日のようなECの発展は想定されておらず、ECでの消費者権益の保護という観点はなかった。消費の形態が多様化すれば、消費者権益の保護の形式も一層多様化しなければならない。日本では2009年に消費者庁が発足し、総合的に消費者保護を取り扱うことになった。

2つ目は、消費者の権益を保護する側にある事業者という概念の範疇が曖昧なことである(39)。例えば、事業者とは商品の製造者でもあるとしても、病院や学校などの公的あるいは半公的機関はどうなるかといった点は明確でない。そうした主体が明確でないと事故が発生した場合の賠償責任も曖昧になる可能性がある。

3つ目は消費者運動にどう向き合うかである。米国では1960年代頃から消費者運動が起こり、弁護士のラルフ・ネーダー氏がリーダーとなって自動車会社に対して安全性の問題について告発した。それがきっかけで、いわゆる「コンシューマリズム」が盛り上がり、日本にも多大な影響を与えたが、中国ではそのような「運動」が許されるのだろうか。消費者運動は、消費者が購買した製品の妥当性（不合理な価格や詐欺、偽造品の排除から安全性の確保まで幅広い諸問題が含まれる）といった次元から、消費者の生命、財産の保護に関連する重大な社会問題にまで関連する。それは「消費者=生活者」の権利運動でもある。こうした運動は共産党の承認があれば許可されるであろうが、そこではあくまで社会秩序の維持に重点が置かれており、どこまで消費者の権利が保護されるか不透明だ。

5-3　消費に関連する社会問題の拡大

大衆消費社会の到来は、消費の多様性から個性化が進むことも前述した。それは価値の多様性の端緒である。個人の消費者行動が「消費者＝生活者」の権利保護の起点となるが、消費の規模が拡大し多様化するにつれて、消費に関連する社会問題も拡大する。問題が深刻化、重大化するのに比例して、消費者の権利意識も強くなり、それとともに直面する諸問題の多面性、多重性が進展する。今日、共産党や政府による上からの強制的な秩序維持のベクトルと「消費者＝生活者」の下からの権利保護のベクトルが、大衆消費社会の深化につれて、摩擦を生む危険が増している。

習近平政権が提示する経済の「新常態」とは、すでに見てきたように投資主導から消費主導へと、成長のパターンが変化していることを意味する。リーマン・ショック後の大規模な景気刺激策により資本効率が急速に悪化し、GDPに占める資本形成の比率が下降し始めた。一方で安定成長路線、内需喚起の政策のもと消費が伸びていることをみても消費主導へ転換が始まっていることは明白である。

もちろん消費主導といっても、その力は都市部と農村部では格差が歴然としている。ただ、中国では都市化が進行しており、1人当たり可処分所得の増加が期待できる。中国の都市化には戸籍制度の抜本的な見直しという、大きな社会改革の問題が横たわっているが、巨大な消費者行動の出現、都市

再掲図表 1-6　投資主導と消費主導の相違

	投資主導	消費主導
最終目標	経済規模の拡大と高度経済成長	社会の全面的発展と人民の生活向上
経済構造	第２次産業が主体	第３次産業が主体
発展段階	離陸と成熟段階	大衆消費社会
発展方式	生産が主導し消費は従属的	消費が主導、生産は社会需要を満たす
生産方式	大規模な工業生産方式	多品種少量生産、イノベーション重視
消費構造	生存のための物質、モノ消費	消費の多様化、サービス・コト消費
消費性向	可処分所得はまだ低いので高い	所得の増加につれて低下する傾向

（出所）『消費主導』遅福林監修・五洲伝播出版社を参考に筆者作成。

中間層の購買力の拡大と多様性が進展していくと、やがて経済政策においても消費主導の戦略的選択が核となると推定する。最後に、投資主導と消費主導とのは構造的な違いを簡単にまとめておきたい（図表１-６）。

【注】

(1) IMF World Economic Outlook Database, ２０１７年10月速報値。
(2) 田中洋（２０１５）『消費者行動論』中央経済社。
(3) 『２０１７年版中国情報ハンドブック』。
(4) 『２０１７年版中国情報ハンドブック』。
(5) 『２０１７中国統計適要』。
(6) 「豊かな社会」と「大衆消費社会」はコインの表裏であることは日本の経済発展の事例と同じである（『日本経済史５　高度成長期』２０１０年）。
(7) 『２０１７中国統計適要』。
(8) みずほ総合研究所　緊急レポート「第19回中国共産党大会と2期目に向けた習政権の課題」２０１７年10月11日。
(9) 『日本経済史５　高度成長期』２０１０年。
(10) 『２０１７中国統計摘要』。
(11) ニュースサイト「今日頭条」２０１７年8月16日。
(12) 世界銀行によると、１人当たりＧＤＰが1万２０００ドル以上は高所得国レベル。
(13) 『中国経済データハンドブック』２０１７年版。
(14) 『２０１７中国統計摘要』。
(15) Journal of Nanjing University ２０１６年　Ｎｏ４　「中国城鎮化 従失衡到均

衡発展」。
(16)「毎日新聞」2017年10月25日朝刊。
(17)「人民網日本語版」2017年10月23日。
(18)「人民網日本語版」2017年10月26日。
(19)チャールズ・カプチャン（2016）「第4章　次に来る大転換―非西洋の勃興」参照。
(20)代表的な視点は、中兼（2012）『開発経済学と現代中国』名古屋大学出版会。
(21)『曖昧な制度』としての中国型資本主義』NTT出版、2013年。
(22)関（2002）参照。
(23)大西（2016）「序章　高成長から中成長への移行に伴う中国の模索」参照。
(24)丸川（2013）参照、副題は「大衆資本主義が世界を変える」。
(25)大西（2016）、駒形「第5章中国「社会主義市場経済」の性格と構造」参照。
(26)李海峰編著（2017）『中国の消費社会と消費者行動』晃洋書房。
(27)「人民網日本語版」2016年11月16日。
(28)IMF World Economic Outlook Databases 2017年10月版参照。
(29)Newsweek online 2017年11月13日。
(30)『科学技術白書』昭和55年版　第1部第1章第2節1960年代参照。
(31)『新経済導刊』2017年1～2月号。
(32)『大家車評』2017年11月13日。
(33)『電商報』2017年5月30日。
(34)総務省「IoT時代における新たなICTへの各国ユーザーの意識の分析等に関する調査研究」平成28年。
(35)経済産業省地域経済産業グループ「平成27年度地域経済産業活性化対策調査報告書」。
(36)田中（2015）。
(37)W・W・ロストウ（1979）。
(38)李海峰（2017）。
(39)李海峰（2017）。

【参考文献】

石井寛治・原朗・武田晴人編（２０１０）『日本経済史５　高度成長期』東京大学出版会。

大西広編著（２０１６）『中成長を模索する中国』慶應義塾大学出版会。

Ｇ・カトーナ（１９６９）『大衆消費社会』（南博監訳）ダイヤモンド社。

加藤弘文（２０１３）『「曖昧な制度」としての中国型資本主義』ＮＴＴ出版。

チャールズ・カプチャン（２０１６）『ポスト西洋世界はどこに向かうのか』（坪内淳監訳）勁草書房。

関志雄（２０１５）『中国「新常態」の経済』日本経済新聞出版社。

田中洋（２０１５）『消費者行動論』中央経済社。

遅福林監修（２０１４）『消費主導』（藤越訳）五洲伝播出版社。

常松洋（１９９７）『大衆消費社会の登場』山川出版社。

寺西重郎（２０１７）『歴史としての大衆消費社会』慶應義塾大学出版会。

中兼和津次（２０１２）『開発経済学と現代中国』名古屋大学出版会。

平久保仲人（２００６）『消費者行動論　なぜ、消費者ＡでなくＢを選ぶのか』ダイヤモンド社。

イアン・ブレマー（２０１２）『「Ｇゼロ」後の世界』（北沢格訳）日本経済新聞出版社。

間々田孝夫（２０１４）『消費社会論』有斐閣コンパクト。

丸川知雄（２０１３）『チャイニーズ・ドリーム』筑摩書房。

李海峰（２００４）『中国の大衆消費社会―市場経済化と消費者行動―』ミネルヴァ書房。

李海峰編著（２０１７）『中国の消費社会と消費者行動』晃洋書房。

Ｗ・Ｗ・ロストウ（１９７９）『増補　経済成長の諸段階』（木村健康ら訳）ダイヤモンド社。

関志雄　中国経済新論「「社会主義の初級段階」それとも「原始共産主義」」独立行政法人経済産業研究所、２００２年10月25日。

孟健軍　RIETI Discussion Paper Series 12-J-009「２０２０年全面的小康社会への展望」独立行政法人経済産業研究所２０１２年４月。

『科学技術白書』昭和55年版　文部科学省。

『中国経済データハンドブック』２０１７年版　一般財団法人中経済協会。

『中国情報ハンドブック』２０１７年版　蒼蒼社。

『中国年鑑』１９９７年版　大修館出版社。

経済産業省地域経済産業グループ「平成27年度地域経済産業活性化対策調査報告書」。

総務省「ＩｏＴ時代における新たなＩＣＴへの各国ユーザーの意識の分析等に関する調査研究」平成28年。

みずほ総合研究所　リサーチＴＯＤＡＹ　２０１７年7月27日。

みずほ総合研究所　緊急レポート「第19回中国共産党大会と2期目に向けた習政権の課題」２０１７年10月11日。

「人民網日本語版」２０１６年11月16日、２０１７年10月23日。

「毎日新聞」２０１７年10月25日朝刊。

Newsweek online　２０１７年11月13日。

劉世錦　主編（２０１７）『老経済与新動能』中信出版集団。

馬化騰・張孝栄・孫怡・蔡雄山（２０１６）『分享経済』。

中国経済50人論壇叢書（２０１７）『中国経済新方位―如何走出増長困難』中信出版集団。

『２０１７中国統計摘要』中国統計出版社。

『大家車評』２０１７年11月13日。

『電商報』２０１７年5月30日。

『新経済導刊』２０１７年1～2月号。

『Journal of Nanjing University』２０１６年Ｎｏ４「中国城鎮化　従失衡到均衡発展」。

「今日頭条」２０１７年8月16日。

「睿農営銷諮詢」２０１６年1月14日。

▶ 第2章

最先端を走るインターネット企業

——「斜陽」国有企業も並存する産業界

学習院大学経済学部 教授

渡邉 真理子

☞ Point

➢ 中国経済の今後には、悲観論と楽観論が混在する。本章はこのバランスを産業構造の転換という視点から考察する。多くの産業で起きている構造転換は、世界の最先端を牽引する企業を生み出している。その成功は、イノベーションが経済と社会を大きく変える可能性をも示唆する。

➢ 中国独特の国情ゆえに近代化できない斜陽産業も併存している。鉄鋼産業に代表される歴史的な産業では構造転換による淘汰を政治的な理由が押しとどめ、過剰生産能力が発生し、通商問題にもつながっている。

➢ インターネットとそれを支える半導体という、ビットとアトムの双方の担い手が育ってきている。人工知能（AI）などの新しい技術の採用に積極的なビジネスモデルも試されている。インターネットイノベーションは、データの所有権と流通が鍵となる。中国は情報の流通を国境内に留める情報重商主義的な政策をとっているが、世界全体でのイノベーションを促進するためにも、自由なデータの流通を担保する通商ルールの構築が望まれる。

注目データ　iPhone, Galaxy に次ぐ高級機として評価されるファーウェイ Mate

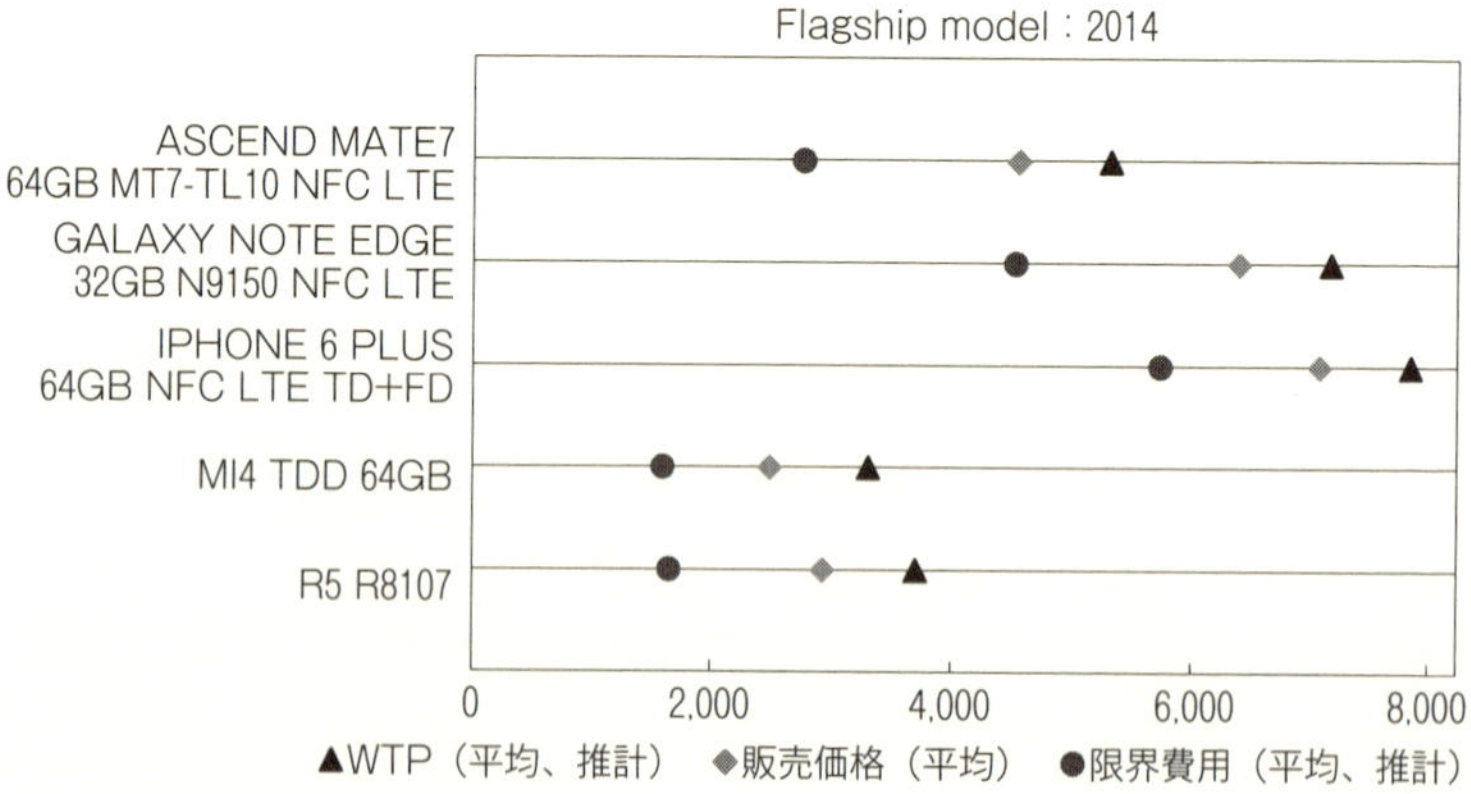

（出所）筆者推計、GfK データより。

1 「斜陽」と「新興」が混在する中国の産業界

本章では、中国企業の強さと弱さについて、幾つかの産業を取り上げて、いわゆる公平な競争環境(level plain field)という視点も含めて考えてみたい。

日本では、中国のネガティブな情報や事象に注目が集まる傾向がある。悪いイメージの代表例は停滞する国有企業や、日本のバブル期を超えた金融面の負債残高の状況であり、これらの存在は中国の落日を想起させるのかもしれない。確かに悪い例はあるが、それだけが中国の状況ではない。

中国では世界有数のインターネットプラットフォーム企業が生まれ、ネットとモバイルを軸としたイノベーションが進んだ結果、大規模な産業構造の転換が進んでいる。新興産業のうち、新しい時代の経済インフラとして、ネット関連産業がプレゼンスを高めている。この産業は、ネットワークの外部性が効くという効果もあり、主力企業はすべて民営企業である。半導体を始めとするハードウェアの開発能力も世界水準になりつつある。

一方で、かつての主要産業は斜陽産業となり、多くは過剰生産能力の問題を抱える。斜陽産業に属する国有企業の経営は年々難しくなっており、経営の建て直しと生産能力の削減に頭を痛めている。金融機関の不良債権問題もあり、国有企業改革は遅々として進まない。ただ、ダイナミックな産業構造の転換で生まれた民営企業の活力が、国有企業がもたらす負の部分を消してしまう可能性は否定できない。ハードからソフトまでを含めた大規模なイノベーションのもたらす経済効果は、未知数ではあるが、過小評価はできない。

本章では、急速な構造転換の結果、産業界の主役の座を降りた鉄鋼産業と、イノベーションを生み出すインターネットプラットフォーム企業、そしてそれを支えるハードウェア企業の例を取り上げる。斜陽産業と新興産業の双方にフォーカスすることで、イメージだけにとらわれず、冷静に中国の産業競争力を把握する助けとしたい。

2　過剰生産能力に苦しむ国有企業～変わらぬ政府への依存体質

2-1　急激な増産と新規参入がもたらした能力過剰

中国の鉄鋼業は世界の鉄鋼産業の中でも数少ない、大規模な新規参入と能力増強を繰り返してきた産業である。粗鋼生産能力は2000年代に入って急激に拡大し始め、粗鋼生産量は2000年が1億2850万トン、10年は6億3874万トン、14年には8億2275万トンにまで膨らんだ。この間、鉄鋼メーカーの数は00年が2997社、10年は1万2143社、13年は1万4624社という膨大な数になっている。[1] 旺盛な新規参入を招いた要因は、改革・開放政策による市場経済の導入だけでなく、01年の世界貿易機関（WTO）加盟および08年の北京五輪開催に向けた巨大な建設需要とそれがもたらす大きな利益だった。

筆者の集計によると、上海および深圳証券取引所に上場している鉄鋼メーカーの営業収益を見ると、1990年代から2007年までは全ての企業が営業黒字を確保していた（図表2-1）。しか

図表 2-1　中国の鉄鋼メーカーの営業収益の推移

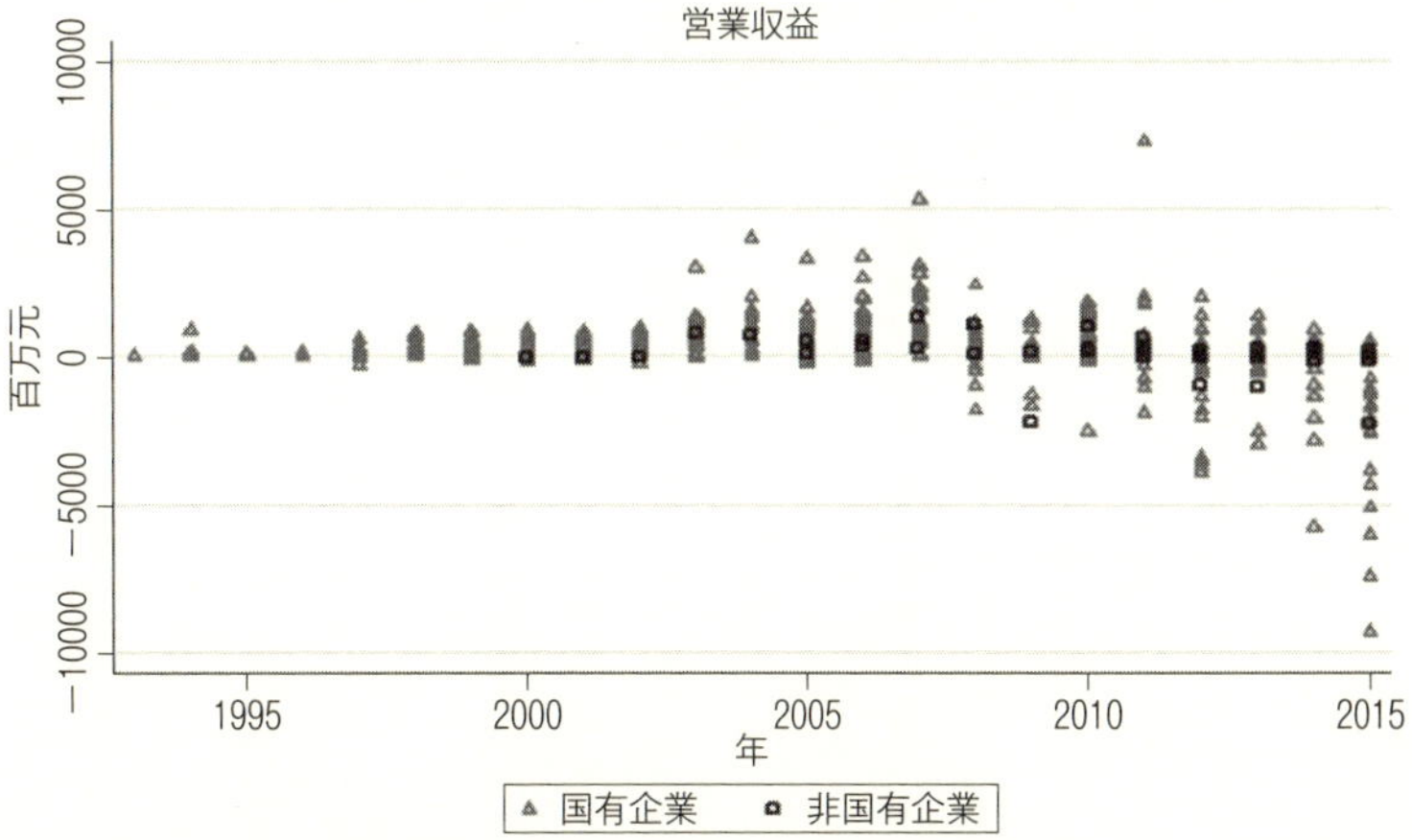

（出所）上海および深圳証券取引所の上場企業を対象に筆者作成。

し、北京五輪が閉幕し、リーマン・ショックが起きた08年を境に、一部の企業が営業赤字となり、15年にはほぼ全ての企業が赤字に陥るという深刻な事態となった。

2-2　輸出攻勢による海外の反発

〜高まる不公正な競争条件への懸念

国内市場が急速に縮小した結果、各社は膨大な過剰生産能力を抱え、そのはけ口を海外に求めた。これにより2016年、中国の鉄鋼産業の過剰生産能力の問題は、国際的な通商問題へと発展していく。中国からベトナム、韓国、欧州連合（EU）などへの輸出が急増し、各国はこれに激しく反発。その結果、20カ国・地域（G20）首脳会合において、グローバル鉄鋼フォーラムを設けて、輸出に関する調整を行うことが決まった。

中国からの鉄鋼輸出が通商問題となったのは、輸出の背景に不公正な競争条件があるのではないか、という問題意識があったためである。当時、過剰生産能力の発生メカニズムを分析し、中国政府に是正措置を提言した幾つかの報告書が欧米で出版された。例えば、Brun（2016）[(2)]は「国家資本主義的な体制から過剰な融資が行われ、生産能力が過剰になった」と指摘した。EU Chamber of Commerce（2016）[(3)]は「地方政府が経済の振興のために地元の国有企業に不必要に長い支援を続けたため、過剰生産能力が生まれた」「地方政府の財源の多様化や地方政府の補助金の制限を厳格に運用すべき」と提案している。

特定の対象への補助金や優先的な条件での融資があったとすれば、それはWTOの補助金協定で定められる公平な競争を阻害する補助金のうちの「イエロー補助金」と呼ばれるものに該当する可能性がある[(4)]。本当に補助金や優先的な融資などが地方の鉄鋼企業の予算制約をソフトにし、過剰生産能力を生む事態が起きていたのであろうか。

2-3　安陽鋼鉄にみる政府補助金の実態

大半の鉄鋼メーカーが赤字に転落していた2015年から16年にかけて、河南省にある中型の老舗国有企業、安陽鋼鉄は様々な政府の補助金を受け取っていた（図表2-2）。これをみると、一定の研究開発、地域の開発援助や環境対策など、通商上の問題とされないグリーン補助金に分類されると思われるものとは別に、趣旨の不明な補助金や緊急支援的な性質がうかがわれる補助金も見られる。たとえば、特段、用途が明記されていない「補助金」として、15年に約1355万元（約2億3000万円）、16年にも240万元が供与されている。人民解放軍への慰問金と思われる八一慰問金が軍か

図表 2-2　安陽鋼鉄が受け取っていた政府補助（人民元）

政府補助項目	2016年	2015年
安陽市失業保険管理中心雇用安定補助金	12,660,000	
安陽市財政局科技計画プロジェクト補助	300,000	
安陽市財政局産業集積科学研究プラットフォーム補助	500,000	
安陽市財政局大気汚染補助金	13,000,000	20,000,000
資源総合利用税還付	3,575,897	
高炉乾式除塵改造項目補助金	2,000,000	2,000,000
コークス化水回収補助	846,660	846,660
エネルギーセンター補助資金	135,000	
安陽市財政局環境補助補助金		3,500,000
安陽県政府電気消費量奨励金		281,989
増値税還付収入		145,373
河南省輸出信用保険専用資金		25,300
困難企業雇用安定補助金		37,600
補助金	2,430,500	13,549,871
八一慰問金還付	30,500	
産業集積土地交換代	2,000,000	
土地徴収補償金	100,000	
財政奨励および税費用還付	398,300	4,712,900
障碍者収入増値税還付	4,356,000	3,167,382
即時徴収還付増値税	1,034,878	2,852,600
土地食糧補助	38,479	39,058
その他	1,030,000	8,080,029
合計	44,436,214	59,238,761

（出所）安陽鋼鉄 2016 年度報告書 2017 年 4 月 20 日版より筆者（2017）作成。

ら還付されているほか、土地譲渡補償費用や産業集積土地交換代なども金額の算定方法によっては、企業救済を目的にした補助金のようにも見える。安陽鋼鉄の例を細かく検証すると、海外からの指摘のように、中国では地方政府が補助金を通じて、企業を支援・救済している可能性が高い。

2-4　不公正な競争環境のもう1つの検証

問題は、こうした補助金が不公正な競争環境を生み出しているのか、という点にある。筆者は補助金の供与が営業赤字を継続する結果を招いているかどうか、という因果関係の推定を行った[5]。補助金の供与の影響を国有、非国有に分けて、その効果に違いがあるのかを確認している（図表2-3）。ある年に営業収益が赤字に陥り、補助金を含む営業外収入で補填したとする。その補助金の供与を受けた翌年に、営業赤字が引き続いた場合は、その補助金がソフトな予算制約をもたらして

図表2-3　営業外収入による支援の翌年の営業収益：国有と非国有の比較

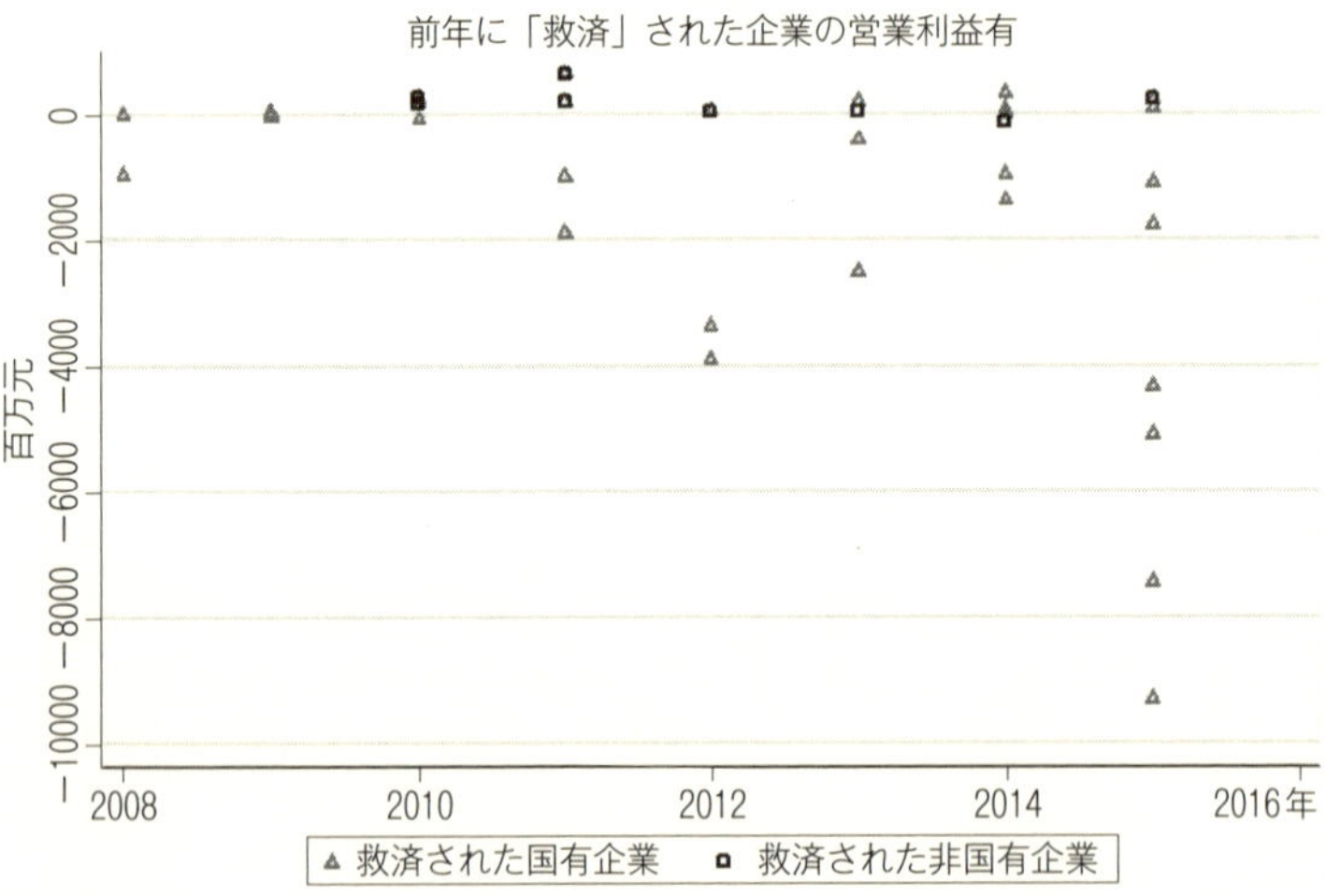

（出所）筆者作成。

いた疑いがある。国有企業と非国有企業を分けた場合、ほとんど非国有企業が翌年には営業収益がゼロもしくは黒字に転換しているのに対し、国有企業の場合は翌年も営業収益が赤字のままか、あるいは赤字幅が大きく拡大しているケースもある。つまり、地方政府とより近い関係にあると思われる地方国有企業の場合、補助金はソフトな予算制約の源泉となっている可能性を否定できない。

2-5　中国政府の対応〜能力削減政策と課題

鉄鋼業界が危機的状況に直面する中、中国政府は2015年に本格的な鉄鋼産業の生産能力の削減政策を取り始めた。G20の鉄鋼グローバルフォーラムの設置などが決まる前から、政策の対応は始まっていた。過剰生産能力の調整を主な目的とする、供給側の改革が始まったのである。

鉄鋼産業に対して、鉄鋼産業調整政策試案（6号文件）と呼ばれる政策が導入された。具体的な目標として、2016年から5年間で粗鋼生産能力を1〜1・5億トン削減するほか、膨大な企業数を整理して、業界の集中度を引き上げる。さらに、技術の高度化を進め、工場の稼働率は8割前後にすることも目標とした。目標達成のため①新しく能力を純増させることを禁止する②過剰生産能力の解消と取り壊しを厳しく執行する③法の執行と監督管理を徹底する④産業の高度化を進める――などに取り組むこととなった[6]。

生産能力の削減をサポートする措置として、雇用の転換や金融企業への支援も行われた。例えば、総額1000億元の雇用転換措置の財政支出が打ち出された。前述の安陽鋼鉄への補助金の中にも、雇用転換補助金が計上されている。金融業界に関しては、2016年12月、銀行業監督管理委員会が、銀行の過剰業種への融資に対しては収益性が期待できる企業のみに融資をするように選別を強めること、債務処理については債権人会議を組織し処理することなどの通達を出した。

２０１７年に入って鉄鋼価格が上昇したためメーカー各社の利益が改善し、過剰生産能力削減の切迫感は薄らいだ。しかし、政府は生産能力の削減計画を着実に遂行し、メーカーが集中する河北省以外の大半の省では、当初の2年で目標達成する見込みで進められていた[7]。

鉄鋼業の生産能力の削減は大気汚染対策とも関連している。大気汚染のコントロールは２０１７年が目標達成の最終年度だったため、同年に石炭から天然ガスへの転換や鉄鋼業など汚染産業の操業停止が厳しく実施された模様だ。しかし、これでは過剰生産能力を削減しながら環境を改善するというイノベーションは、十分にできていないのが現状だ。これまでみてきたように、補助金によるソフトな予算制約がこうしたインセンティブを削いでいる可能性はある。国内の政策および通商政策を通じた規制の厳格化は必要だろう。

3　イノベーションの最先端を行く中国企業

イノベーションが進まない鉄鋼産業とは対照的に、中国のインターネット関連の企業は世界レベルの最先端技術を生み出すようになっている。その主導的なプレイヤーとして、プラットフォーム企業[8]であるアリババ集団や、ハードウェア・メーカーの華為技術（ファーウェイ）などの戦略を取り上げながら、中国ビジネスの最新事情を紹介したい。

3-1　オンラインからオフラインへ（O2O）～アリババのニューリテール戦略

２０１６年末、アリババ創業者の馬雲（ジャック・マー）氏は「電子商取引は消滅する」と宣言した。(9)

この衝撃的な言葉の意味を、馬氏は「既存のオフラインの企業（実店舗を展開する企業）が必ずオンラインの領域へ踏み込み、逆にオンラインの企業は必ずオフラインの領域に参入する」「リアルの店舗とインターネットの情報流通は融合し、新しい流通という概念だけが残る」と説明する。

馬氏は「電子商取引に替わって登場するのは、５つの新しい産業だ」とも言っている。すなわち「新流通（リテール）」「新製造」「新金融」「新エネルギー」「新テクノロジー」である。そして、２０１７年は「新流通（ニューリテール）戦略」をプロモーションする1年にする、と宣言し、実際に新しい幾つかの試みを展開した。ニューリテール戦略の特徴は、オフラインとオンライン、さらに物流機能が結合するものであり、その目的は、「より速く配送することではなく、在庫を無くすことだ」（馬氏）という。実際にスタートしたビジネスは①仮想現実（ＶＲ）ショッピング「BUY+」②オンラインとオフラインが結合したスーパー「盒馬（フーマー）鮮生」③オンラインショッピングモール「Tmall（天猫）」での自動車自動販売機④小規模な「パパ・ママショップ」のソリューション「零售通」を利用した「天猫小店」――の４つである。

Ｏ２Ｏ（オンライン・ツー・オフライン）として、注目されるのがスーパー「フーマー」だ。２０１７年にはアマゾンもオンラインとオフラインの店舗を融合させた流通形態「Amazon Go」の出店を宣言したが、アリババはアマゾンに先行して「フーマー」を展開していった。同社のホームページ

写真 2-1　フーマーの店内（上海市、左はスマホ決済レジ、右は鮮魚コーナー）

（出所）筆者撮影。

によると2018年2月現在、上海市に12店舗、北京市に5店舗のほか深圳、蘇州、寧波、成都、福州、貴陽の各市に進出している。北京市の最初の店舗は閉店したイトーヨーカドー北京十里堡店の建物を使っている。

フーマーの店舗内では生鮮類や加工食品、飲料などが並び、その風景は一般的な食品スーパーとほぼ同じである。他と異なる大きな特徴は、まずスマートフォン（スマホ）のアプリで発注と決済を行うことにある。電子値札システムを採用し、商品を購入した顧客は値札をセルフレジにかざして精算し、代金はモバイル決済「アリペイ（支付宝）」で支払う（写真2-1左）。顧客の利便性向上とともに、購買データを一元的管理し、同時に会社のキャッシュフローも統一して管理できるメリットがある。

店舗の商品は電子商取引（EC）で扱うものと同じ価格である。電子値札システムにより、データの一元管理とともに、オンオフ両方の表示価格の調整も可能になる。値札には価格のほか、在庫数や陳列情報なども表示する。このほか①近隣店舗の在庫数をスマホアプリで参照できる②スマホアプリを立ち上げると、全地球測位システム（GPS）により配送サービスを提供できる範囲にある店舗だけが表示される③幅広い世代を集客するため、店内には鮮魚コーナーを設け（写真右）、その場で調理して食べることも可能――といった工夫もしている。[10]

フーマーの特徴を見ると、オンライン店舗の在庫を管理する倉庫の役割をオフラインの実店舗が果たすという意図がうかがえる。アマゾンは各地に巨大な倉庫を持つが、アリババはフーマーを倉庫としても使おうとしているように見える。また、アリペイと結びつけることで、売れた商品と購入者情報の関連付けができ、売上予測の精度をより高め、在庫管理もより効率的にする仕組みと思われる。

なお、アマゾンのAmazon Goは2018年1月に1号店が米シアトルで開店した。QRコードなどで認証してアカウントとヒモ付けし、レジを無くすという試みで、フーマーとは異なる発想のO2Oとなっているようだ。

新しいビジネスのうち、「天猫小店」もユニークだ。これはフーマーとは異なり自社で店舗網を展開するのではなく、既存の小規模な「パパ・ママショップ」に、効率的な発注提案や物流機能を供与するソリューション・ビジネスである。発注在庫管理や消費者動向の予測の機能も提供する。天猫が公開した動画では、旧態依然とした食料販売店が、アリババのソリューションの導入でより多くの品目を的確に仕入れられるようになり、利益が安定して、嫌がっていた子供が店を継ぐことになった、という物語を紹介している。[11]

3-2　急速に広がるO2Oビジネス
～過当競争から企業統合へ

中国における「オンラインからオフラインへ」というO2Oの流れは、アリババグループの中だけで起きているわけではない。2014年ごろから、様々な形態のビジネスが生まれ、新しい価値を生み出すイノベーションとなっている（図表2-4）。

O2Oビジネスが中国で広まる契機となったのは、配車アプリ事業である。スマホのアプリを使ってオンラインでタクシーなどの配車と利用者の需給をマッチングさせ、オフラインのサービスの実行を効率化するというO2Oサービスである。

2012年6月、アリババでキャリアを積んだ程維氏が独立し、配車アプリ会社「嘀嘀打車」を設立し、後に騰訊控股（テンセント）の出資を受ける。これと対抗するように、アリババの出資をうけた「快的打車」が参入。13年には嘀嘀打車が55％、快的打車が45％の市場シェアをそれぞれ占めた。さらに、米ライドシェア最大手のウーバーテクノロジーズも参入したため、三つ巴の競争が始まった。中国勢はそれぞれの出資者が自らのモバイル決済「ウィーチャットペイ（微信支付）」と「アリペイ」を通じ

図表2-4　インターネットから生まれてきた新しいO2Oビジネス

サービスの種類	主な事業者
団購（オンライン共同購入型クーポン）	大衆点評（グルメサイト、飲食以外の共同購入メニューも豊富）
出前アプリ	美団、餓了麼
配車アプリ	滴滴出行
シェア自転車	磨拝、Ofo
シェアモバイルバッテリ	街電（Anker）、来電
家庭料理シェアアプリ	回家吃飯

（出所）筆者作成。

て、料金の割引サービスを展開。激しい価格競争によって、配車アプリが急速に広まったが、企業は3社とも赤字に陥った。この結果、15年に嘀嘀打車と快的打車が合併し、現在の「滴滴出行」が発足した。合併会社は市場シェアの約8割を握ったとされ[12]、2016年にはウーバーが中国法人の株式を滴滴出行に売却し、市場から撤退した。生き残った滴滴出行は、ライバル関係にあるアリババとテンセントの双方からの資本を受け入れている、唯一の企業となっている。

配車アプリの浸透は消費者の利便性の向上とともに、サービスに従事する就業機会を社会に提供する。滴滴出行は20万人余りの鉄鋼メーカーの退職者らを含めて、100万人近い雇用を生み出したとされる[13]。新しいサービスの誕生は、労働者の移動を促し、産業構造の円滑な転換を支えている。

2016年から急速に拡大したのが出前アプリ事業だ。顧客が指定した飲食店から指定したメニューを自宅まで届けるというサービスである。レストランは自分自身で出前の体制を構築する必要がなくなり、消費者は自分の好みの食事にアクセスしやすくなる。出前アプリも配車アプリと同様、配送という仕事を新しく生み出し、雇用機会を提供している。2010年にサービスを開始した「美団」が老舗である。美団は、共同購買アプリ「大衆点評」と合併し、テンセントの資本を受け入れている。ライバルはアリババグループの餓了麼（ウーラマ）で、両社がシェア争いをしている。

シェア自転車（写真2-2）事業も出前アプリに前後して急拡大したO2Oサービスだ。同事業大手の摩拜単車は、女性記者だった胡瑋煒氏が2015年に設立した。当時、中国各地で急激な自動車の交通量が増え、渋滞と大気汚染が深刻になっていた。大都市でも北京市などは地下鉄網がまだ十分に発展しておらず、地下鉄の駅と周辺の区画整理も徹底されていないため、歩いて行くには遠いがタ

写真 2-2　地下鉄の駅前にはシェア自転車が並ぶ（上海市）

（出所）筆者撮影。

クシーに乗るまではない、という距離を延々と歩かざるを得ない状況も多かった。この「ラストワンマイル」の問題を解決する交通手段として、シェア自転車サービスを発案したのが摩拝単車である。

ラストワンマイルの交通手段としての利便性を確保するには、消費者が「どこでも自転車に乗れる」と期待できなければならない。創業者の胡氏は「ドラえもんのポケットから出てくるように自転車があればいいと思った」と語っている。ドラえもんのポケットのように、消費者がどこでも自転車を乗れるようにマッチングするには、出来る限り多くの数の自転車を出来る限り多くの場所に配備する必要があり、それこそがシェア自転車というＯ２Ｏサービスの特徴である。

このサービスには瞬く間に多くの企業が参入した。参入した企業は競って自転車の数を増やし、駐輪の乱れや廃棄自転車の処理が社会問題になった。規模の競争が続く限り、最終的には配車アプリの滴滴出行のように、最後は企業統合により独占企業が生まれるのではないかと噂され、実際に２０１７年には最大手の摩拜単車と二番手のＯｆｏ（オッフォ）を残し、その他の事業者は淘汰された。さらに摩拜単車はＯｆｏに買収を申し出て完全な市場独占を目指したが、交渉は成立していない。摩拝単車はその後、積極的に海外進出を進め、世界最大規模のシェア自転車会社になっている。

３‐３　Ｏ２Ｏビジネスを支えるインフラ
～アリババが切り拓いたモバイル・ペイメント

中国におけるＯ２Ｏの急激な広がりは、スマホを使ったモバイル・ペイメントが社会インフラと呼べるまでに普及したことに支えられている。

モバイル・ペイメントの発展をリードしてきたのが、アリババが２００４年から始めたアリペイである。アリババはもともと１９９９年に、中小企業同士の取引を結びつけるＢ２Ｂ（法人向けビジネス）のＥＣ企業としてスタートした。03年に米国からイーベイが中国に参入したのをきっかけに、メーカーと消費者を結びつける淘宝網（タオバオ）というＢ２Ｃビジネスを開始。イーベイとの競争の中、タオバオで「担保取引」という支払いの仕組みを加えたのが、アリペイの源流である。

中国の商取引では長く、購入代金を支払わないという「三角債」問題が蔓延した。「支払いをなるべく遅らせるのが財務担当者の腕の見せどころ」といわれるほど、代金の回収は難しかったが、アリババはこの問題を解決するため、自身のサイトに模擬口座を開設し、顧客の資金を預かるという「担保取引」の手法を開発した。アリババが買い手と売り手の間に入り、買い手が代金を支払ったのを確認すると、売り手に商品の発送を指示する。買い手が商品の瑕疵のないことを確認して支払いに同意すると、アリババから売り手に代金が支払われる。つまり、支払いを決める決済権限を、買い手からアリババに移したのである。結果的にこの戦略は成功してイーベイは中国から撤退。さらにアリババはヤフー・チャイナを買収し、中国のECの雄となった。

創業者の馬雲氏は、担保取引の仕組みをビジネス化するため、サービスを対外的に開放することを決める。担保取引は決済サービス「アリペイ」へと進化し、銀行や政府の規制と戦いながら顧客の問題を解決して、次第に競争力をつけていった。

例えば、担保取引で与信を受け取ることになるアリペイは2005年、買い手が事故にあった場合は全面的に賠償をする方針を打ち出した。この決定がアリペイとタオバオの信頼度を高め、イーベイの撤退を決定づけた。また、10年には「スマートペイメント」、12年には「利用者行動習慣システム」を利用した「口座安全保障システム」を導入。さらに、14年には「口座保険」を提供することで、ユーザーの安全意識を高める試みも始めた[14]。

3－4　苦難の道を越え、アリババに迫るテンセント

アリババはアリペイの機能を着実に拡大し、モバイル・ペイメントの分野で圧倒的な競争優位を築こうとした。その前に立ちふさがったのが、アリババと同じ1999年に発足したテンセントである。2017年現在、中国を代表するプラットフォームはアリババとテンセントの2社である（図表2-5）。

図表 2-5　月間アクティブユーザー数

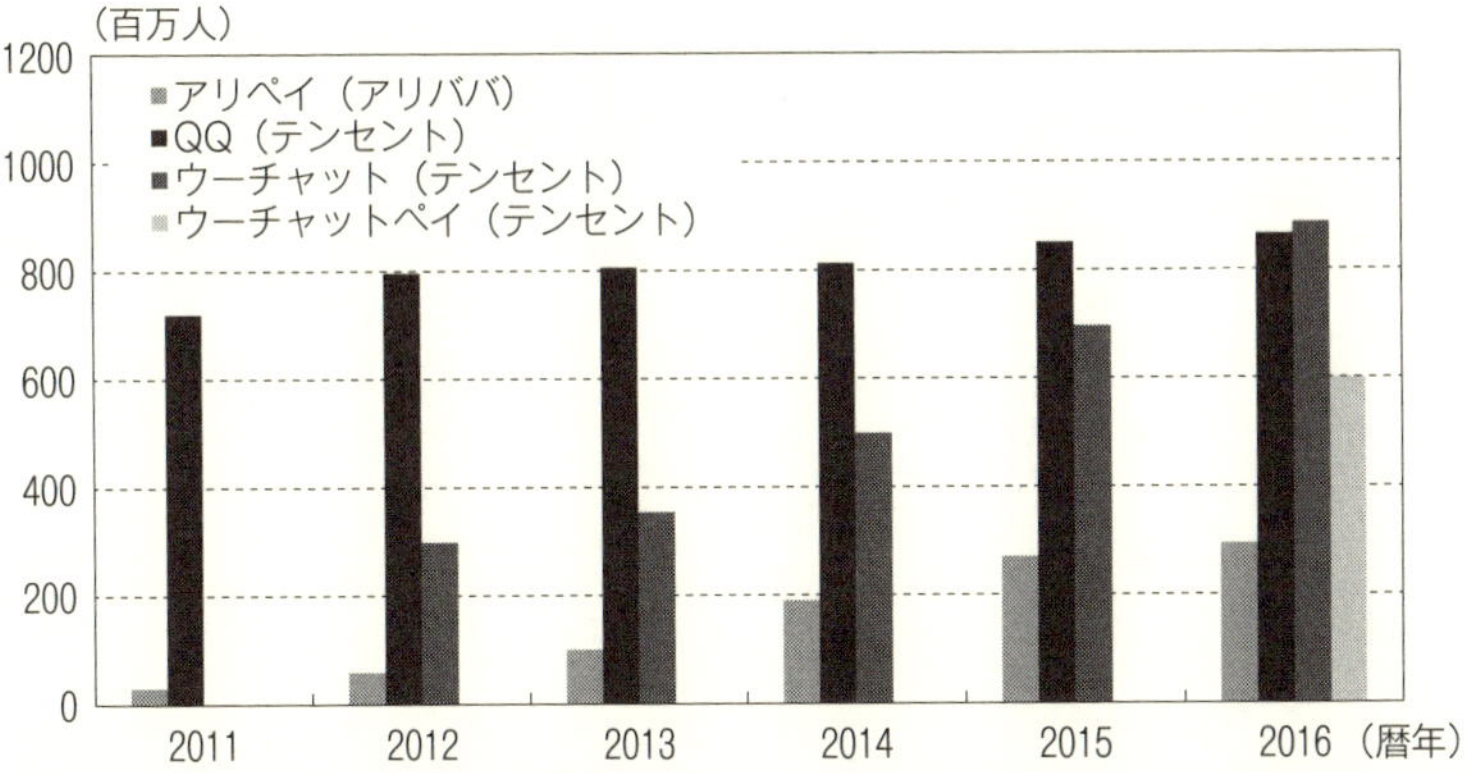

（出所）テンセントは「Tencent Annual Report」（2011〜2016）、アリババは「Greeven and Wei」（2017）より作成。

テンセントの生い立ちはアリババと大きく異なる。QQメッセンジャーというメッセージアプリのサービスで頭角をあらわし、オンラインゲームのプラットフォームとして、圧倒的な地位を築いた。QQメッセンジャーはパソコンのアカウントが使え、スマホを購入できない学生や農村のユーザーがネットカフェで利用できる。このため中国でもっと広く浸透したメッセージサービスとなった。

もっとも、テンセントには「模倣戦略ばかり」「自分たちのプラットフォームを開放しない」といった批判がついてまわり、発展の道のりは必ずしも平坦ではなかった。ペイメントサービスはアリペイを追随し「財付通」というサービスを手がけていたが、利用者は思うように増えなかった。さらに、2010年にはセキュリティソフト大手の奇虎360科技（チーフー）がQQメッセンジャーを「利用者のパソコンから個人情報を無断で収集している」と批判。チーフーは利用者を守るプライバシー保護ソフトを開発してテンセントに挑戦すると宣言した。このセキュリティソフトは人気となるが、テンセントはそれをアンインストールする機能をもって対抗したため、最後は両社が法廷で争う事態になり、テンセントの企業イメージが傷つくこととなった。

この痛手を回復するかのように、2012年からサービスを始めたのが対話アプリ「ウィーチャット」である。QQメッセンジャーのユーザーを基盤として、サービス開始からわずか1年間で1億人というユーザーを獲得する。さらに一段の拡大を狙って、13年8月、ウィーチャットとペイメントアプリ「財付通」を連結させたサービスも始めた。14年3月の春節には1億を超えるユーザーに「お年玉」を配信するという派手なプロモーションを展開。アリババの馬氏が「真珠湾攻撃だった」と表現するほどのアイデアにより、ウィーチャットペイはアリペイを超えるほど存在感を持つようになった。

現在、ペイメントサービスの市場ではテンセントとアリババがしのぎを削っている。ペイメントサービスは最もネットワークの外部性が働く分野であり、同分野での優劣がネットの世界での雌雄を決する。テンセントはQQメッセンジャーという大きな顧客資源を最大限に利用して、アリババの地位を奪った。さらに、ペイメントサービスを利用した新しいタイプのサービス群、つまりO2Oサービスを拡充して、中国のネット業界における地位を固めようとしている。

3-5　プラットフォーム企業とデータをめぐる制度

O2Oなどネットを利用したサービスは、アリババなどプラットフォーム企業が握っているビッグデータを利用している。膨大な個人情報をビジネスに活用するため、中国政府は関連した規則の制定や制度設計に取り組んできた。

中国で改革・開放政策が始まった当初は、銀行は与信を回収する技術を持たず、企業も取引先から代金を支払ってもらえないというケースは珍しくなかった。こうした事態を解決するため、企業と個人に信用等級を付け、それを金融機関が共有する「征信システム」という仕組みが整備された。１９９２年から２００６年にかけて中央銀行がシステムを構築し管理してきたが、システムの運営が13年に民間に開放され、国家金融データベースとして統合された。これに伴い、「征信業（信用情報収集共有業）管理条例」が制定され、個人情報の管理の原則や違反した場合の罰則が規定された。

この管理条例を遵守する限り、プラットフォーム企業は個人の行動などのデータをビジネスに活かすことができるようになった。条例制定により、２０１４年ごろから０２０ビジネスが立ち上がり始め、今日の興隆につながっている。

こうしたデータの利用が中国の国境を超える時、どうするべきかというルールが必要である。２０１７年からサイバーセキュリティ法を施行した中国政府は、多国籍企業に対してサーバーの国内設置を要求したり、重要情報の開示を義務付けたり、ＶＰＮ（仮想私設網）を使った社内の情報保護を認めなかったりと、デジタル保護主義とも呼べる姿勢を明確にしている。

このため、中国企業と海外企業の間では、データ利用の自由度に差が生まれつつある。これは、新たな不公正な競争環境であるのは間違いないだろう。この分野でのルールの整備が待たれる。

4　垂直分裂から内製化へ
～技術の持続的イノベーションに挑むファーウェイ

中国では全く新しいインターネット上の取引だけでなく、ネット取引を支える技術の面でも、最先端を走る企業が出てきている。その代表が華為技術（ファーウェイ）である。

4－1　半導体チップセットの開発力

２０１２年、ファーウェイは米国のワイヤレスネットワーク市場から「退出」を命じられた。この年は同社にとって、試練の年になるかに見えたが、同年、傘下の半導体設計メーカー、海思半導体（ハイシリコン）がスマホやタブレット向けのチップセット「Ｋ２Ｖ３」の開発に成功。自社ブランドのスマホの最高機種に搭載したことを発表した。これは当時、世界で初めてＬＴＥの商用化に成功した半導体のチップセットだった[15]。

スマホにはプロセッサや電源、オーディオのほか、通信用のＲＦトランシーバーの機能を果たす半導体チップが必要。チップはセットとして開発しモジュールにして販売されており、ハイシリコンのチップセットもこうした構成をとっている。チップセットを供給できるメーカーは限られている。ハイシリコンのほか、米クアルコムや韓国のサムソン、台湾聯発科技（メディアテック）などで、中国企業では展訊通信（スプレッドトラム）や聯芯科技（リードコア）がスマートフォンの技術プラット

図表 2-6　ファーウェイのスマホにおけるチップセットメーカー別の WTP

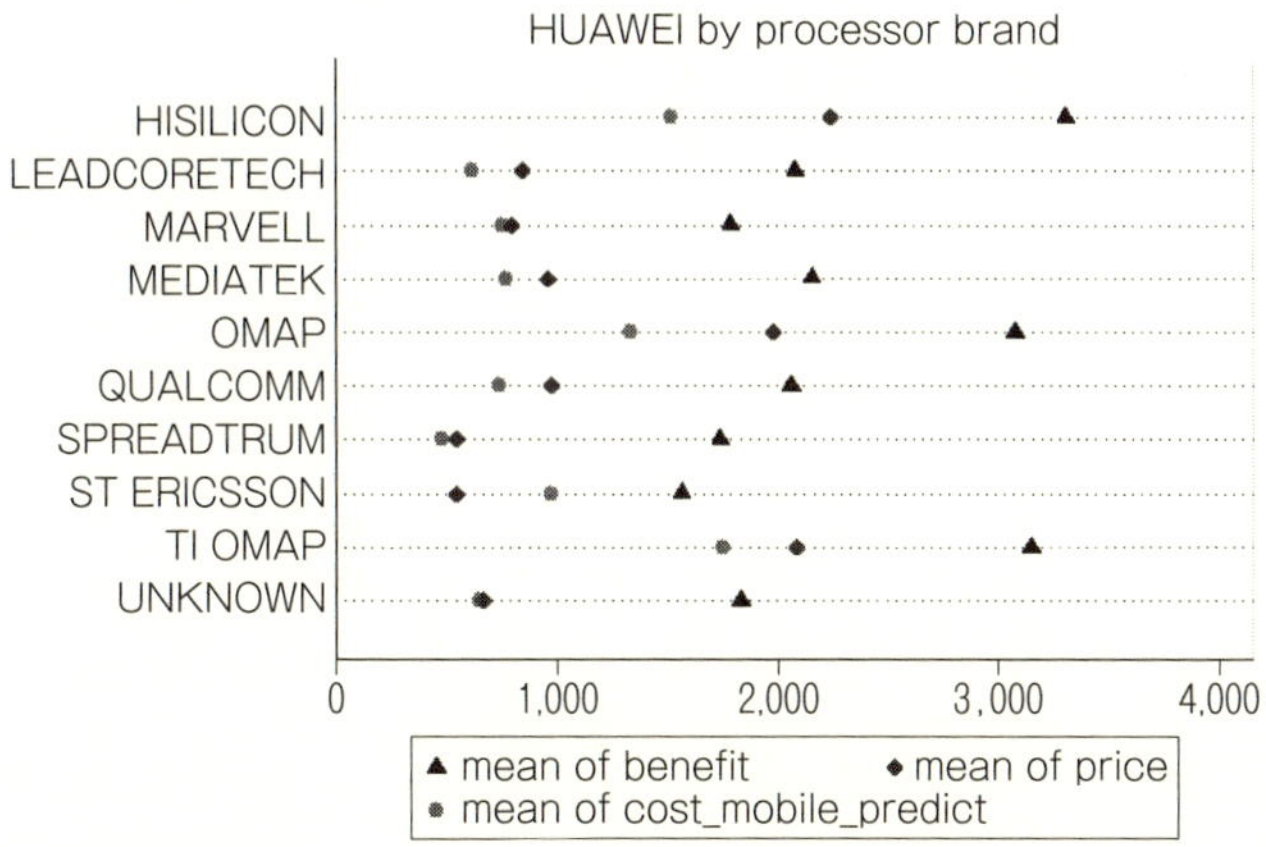

（出所）筆者推計。

フォームとなる部品を販売している。日本と欧州のメーカーは２０１４年までにほとんどがこの分野から撤退している。

ハイシリコンのチップセット・ＫＩＲＩＮシリーズは、開発スピードの速さで圧倒的な優位性を持つ。中国のスマホ向けベースバンドチップ市場で圧倒的なシェアを誇るクアルコムのSNAPDRAGONシリーズの対抗馬になる力を持ちつつあるという(16)。ハイシリコンはファーウェイだけに半導体を供給している。ファーウェイは膨大なスマホの点数を持つため一部は外部調達した半導体を搭載しているが、ハイシリコンにより内製化した部品はすべて自社製品に搭載している。この内製化戦略が同社のスマホ事業の成功要因だろう。

筆者はファーウェイのスマホ製品について、使用しているチップセットのメーカー別にその価格と１台あたりの生産コスト、さらに消費者の評価である最高支払い意思額（Willingness to Pay）(17)を推計した（図表2-6）。それによると、ハイシリコンのチップセットを搭載したモデルは、クアルコムやメディアテックを搭載したモデルよりも消費者の評価（便益）が高く、価格も高く設定されている。

4-2　成功した内製化戦略

消費者が評価する最高支払い意思額は、スマホの性能だけでなく、広告宣伝を通じた認知度、流通チャネルの整備などによるアクセスのしやすさなども含めた総合的な評価である。チップの性能のみが評価の対象ではないが、ファーウェイが商品戦略を考える時、より消費者の満足度の高い製品を作るには、外部調達したチップセットではなく、ハイシリコン製を使った方が良いと判断しており、その戦略は一定の成果を出している。

2014年時点のファーウェイ製品をアップルやサムスン、小米（シャオミ）、そしてOPPO（オッポ）のフラッグシップモデルと比較すると、ハイシリコン

再掲図表 2-7　iPhone、Galaxy に次ぎ評価されるファーウェイ Mate

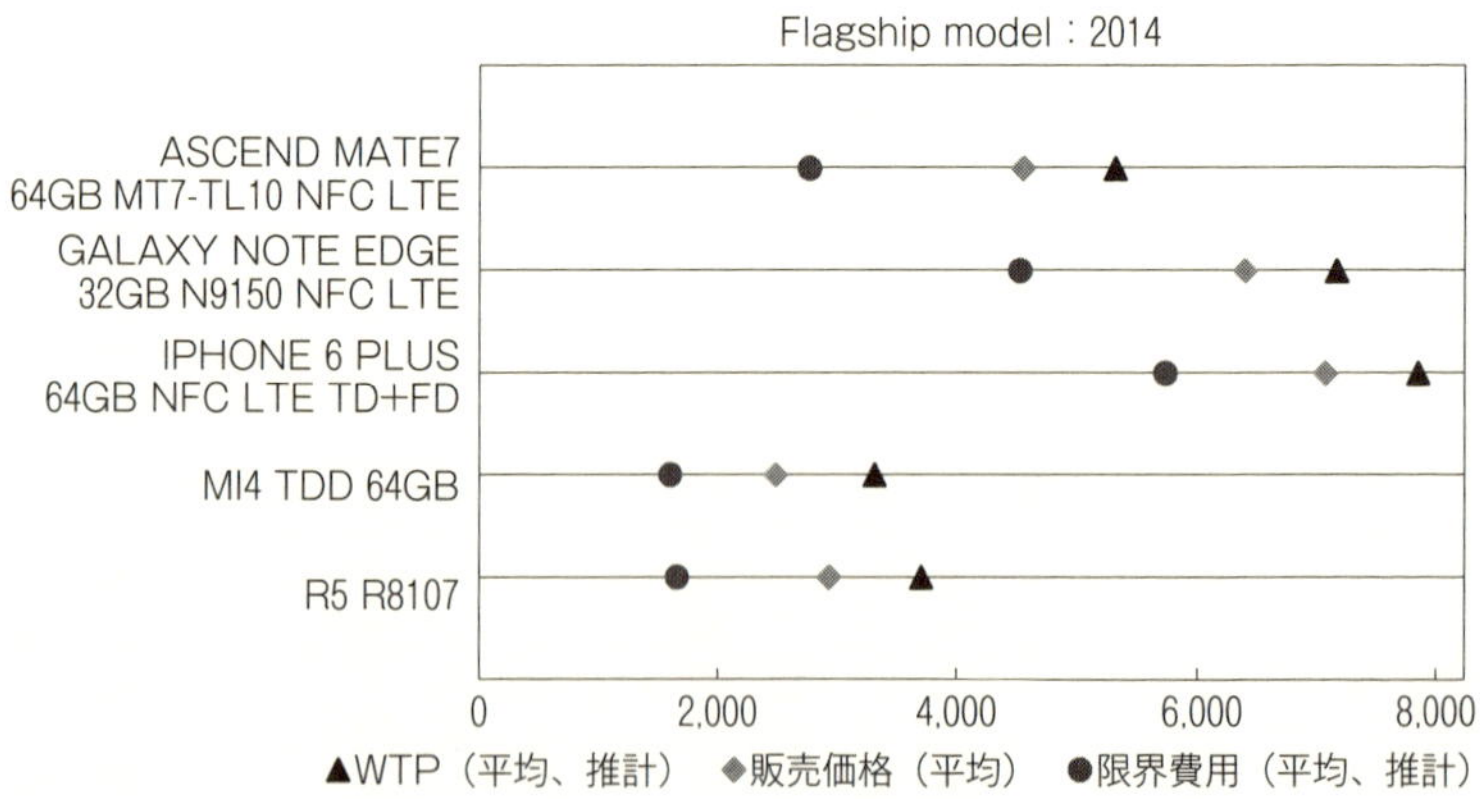

（出所）筆者推計、GfK データより。

のチップセットを搭載した最高級機種「Mate」シリーズは、当時の最新鋭機であるアップルの「iPhone 6」やサムスンの「GalaxyNote Edge」に次ぐ評価を受けている（図表2-7）。また、ハイシリコンの半導体チップは、中国でアップル、サムソンに次ぐ品質である、と消費者に評価されている。

5　企業の公平な競争を担保する制度の必要性〜政治との微妙な距離

中国経済のプレゼンスは、日本で感じられているよりもはるかに大きくなっている。これまで見てきたように、世界のイノベーションのフロンティアを走る中国企業も誕生している。こうした指摘を「張り子の虎だ」とする見方もあるだろうし、大きな問題を抱える企業も実際に存在する。優れた企業も、深刻な問題を抱える企業も、いずれも中国の産業界の真実の姿である。

中国企業には、どのような強さと弱さがあるのか。問題を抱える企業には何が制約なのか。この点を正確に理解することが大切である。さらに、こうした中国の多面的な姿を理解することは、中国と世界のつながり方をどう捉えるかにも影響を与えるだろう。中国経済のあり方や政策がWTOを始めとする自由貿易体制とどのように調和するのかは、今後の世界経済を支える体制の安定を左右する要因ともなる。的外れな非難は意味が無いし、世界第2位の規模である中国経済が閉鎖的で自国優先のブロック経済を志向するなら、その弊害も大きい。

中国企業の強さと弱さのコントラストは、国有企業の抱える問題の大きさと成功している民営企業の優秀さのコントラストとも言える。本章で取り上げたアリババ、テンセント、そしてファーウェイはいずれも資本という意味では、国家の支配を受けていない。とはいえ、共産党や国家と民営企業の間にはいまのところ、明確なルールが無い。国家と国有企業の間には、国家による一定の行動の制限や、企業の権利確保と限界が制度化されている。民営企業は会社法でその権利と義務が定められているが、政治の介入に対しては、とても脆弱な立場にある。

中国の市場経済では、中国独特の国有企業、および政治との関係が企業の行動に影響を与えている。時には、競争上の公平性を欠き、市場の競争の質を損なうこともある。国有企業に比べて不利な扱いを受けているように見える民営企業の中には、イノベーションを生み出す力を身に着け、新しい価値を社会にもたらすような企業も生まれている。しかし、こうした企業は、政治との距離のとり方によっては、価値を生む力が毀損されるリスクがある。公平な競争を担保する制度が必要である。

さらに、自由貿易の拡大の恩恵を受けて成長してきた中国企業を巡る制度は、国際的な通商政策に影響を与えると同時に、こうした通商政策を巡る制度の制約も受ける。国際的に公平な競争環境を作るという視点から、いかに中国政府の政策運用と企業の行動を国際的なルールと調和させるかも、常に考える必要がある。

【注】

（1）『中国鋼鉄工業年鑑』各年版。

（2）Overcapacity in Steel: China's Role in a Global Problem Duke University, Center on Globalisation, Governance and

Competitiveness. September, 2016.

（３）EU Overcapacity in China: An Impediment to the Party's Reform Agenda, (Available at http://www.eubusiness.com/regions/china/overcapacity/). February, 2016.

（４）経済産業省（２０１７）『２０１７年度版不公正貿易白書』(http://www.meti.go.jp/report/whitepaper/data/20170523001.html)。

（５）渡邉真理子（２０１７）「中国鉄鋼産業における過剰生産能力問題と補助金：ソフトな予算制約の存在の検証」RIETI Discussion Paper Series 17-J-058.

（６）２０１６年11月の中国鉄鋼工業協会でのヒアリングなどから。

（７）２０１６年11月外資系鉄鋼企業でのヒアリング。

（８）２０１８年現在、世界をリードするプラットフォームは、米国と中国に存在している。米国のアマゾン、フェイスブック、グーグル、Airbnb、そして、中国の騰訊控股（テンセント）とアリババである。

　プラットフォーム企業とは、次のように定義できる。ヒトとヒトとのコミュニケーションをつなぐ、電話やメッセージアプリはプラットフォームである。売り手と買い手をつなぐショッピングモールや市場、電子商取引、金銭の支払いと受取をつなぐクレジットカード、ゲームのアプリとユーザーをつなぐゲーム機器、視聴者と広告の出し手であるテレビやラジオ、新聞などもプラットフォームである。フェイスブックメッセンジャー、WhatsApp、LINE、そしてテンセントのWechatは、数億人のユーザーをつなぐメッセージアプリである。グーグル、フェイスブックは検索機能や情報アップ機能を介して、消費者と広告主をつないでいる。アマゾンとアリババは、メーカーと買い手をつないでいる。プラットフォームが人と人をつなぐことで取引が生まれ、経済価値が生まれる。このマッチングがプラットフォームの果たす機能の核である。ヒトとヒトをつなぐプラットフォームは、ユーザーが多ければ多いほど魅力的になる。複数のプラットフォームが組み合わされているほど、魅力的になる。このため、大きければ大きいほど、束ねられるサービスが多いほど強い、という現象が起きる。これを「ネットワークの外部性」と呼ぶ。中国のインターネット企業は、この外部性の力をテコとする戦略を取り、競争している。

（９）２０１６年10月の The Computing Conference 2016 での講演。講演録の動画のＵＲＬは以下の通り。https://yunqi.aliyun.com/2016/hangzhou/index?spm=5176.7944664.567864.7.Gq9BON

（10）デジタルイノベーションラボ「支払いは電子マネーのみが中国の最新スーパー、アリババも出資する盒馬鮮生」http://digital-innovation-lab.jp/hema-super/

（11）http://www.alizila.com/alibaba-gives-dose-new-retail-china-convenience-stores/
（12）Tech Asia, July 2015 が転載した財新のデータ。
（13）China Daily, July 25 2016.
（14）由曦（２０１７）『螞蟻金融』中信出版社。
（15）清水洋治（２０１７）「ファーウェイ製スマホ分解で見えたアップル／サムスンを超えた〝中国のチップ開発力〟」（EE Times　http://eetimes.jp/ee/articles/1701/26/news022.html）。
（16）清水洋治（２０１７）「ファーウェイ製スマホ分解で見えたアップル／サムスンを超えた〝中国のチップ開発力〟」（EE Times　http://eetimes.jp/ee/articles/1701/26/news022.html）。
（17）図表２-６のグラフ内では Benefit と表示。

【参考文献】

経済産業省（２０１７）『２０１７年度版不公正貿易白書』http://www.meti.go.jp/report/whitepaper/data/20170523001.html
清水洋治（２０１７）「ファーウェイ製スマホ分解で見えたアップル／サムスンを超えた〝中国のチップ開発力〟」（EE Times http://eetimes.jp/ee/articles/1701/26/news022.html）。
渡邉真理子（２０１７）「中国鉄鋼産業における過剰生産能力問題と補助金：ソフトな予算制約の存在の検証」RIETI Discussion Paper Series 17-J-058
渡邉真理子（２０１７b）「アリババがつくる巨大プラットフォーム経済―「情報の非対称性のない」ビッグデータ社会のゆくえ―」『外交』Ｖｏｌ．47。
Lukas Brun（2016）Overcapacity in Steel: China's Role in a Global Problem Duke University, Center on Globalisation, Governance and Competitiveness. September, 2016.
European Union Chamber of Commerce（2016）EU Overcapacity in China: An Impediment to the Party's Reform Agenda,（Available at http://www.eubusiness.com/regions/china/overcapacity/）.February, 2016.
Watanabe, Mariko and Chen Xiaojun（2018）"Competitive Positioning and Make or Buy Decision in Smartphone Industry in China" mimeo.
由曦（２０１７）『螞蟻金融』中信出版社。

▶ 第3章

産業高度化に向けた政策の潮流

――国家戦略「中国製造2025」の動向

名古屋外国語大学外国語学部 教授
前・日本貿易振興機構（ジェトロ）北京事務所次長
真家 陽一

☞ Point

➢ 中国政府は2015年5月、産業の高度化を推し進め「製造大国」から世界トップレベルの「製造強国」へと転換することを目指し、国家戦略「中国製造2025」を公表した。10大重点分野を定めるとともに、その推進に向けて5大プロジェクトを実施する方針を打ち出している。
➢ 「中国製造2025」の公表から3年余りが経過し、中国政府は基本的なグランドデザインを完成させつつ、長期的な視点から着実に政策を推進しようとしている。
➢ 中国の産業高度化の潮流は日本企業にとってもチャンスとなる。技術の先進性・優位性を保持しつつ、技術を必要とする中国企業とアライアンスも組みながら商機を模索する一方、技術流出の防止や知的財産権の保護などの対応も重要になる。

注目データ

「中国製造2025」における5大プロジェクトの概略

プロジェクト名	2025年までの目標
製造業イノベーションセンター建設	約40ヵ所の製造業イノベーションセンターを設立
スマート製造	製造業の重点分野における全面的なスマート化を達成
工業基礎強化	中核基礎部品・基幹基礎素材の国内自給率70%を実現
グリーン製造	製造業のグリーン発展および主要製品における単位当たりエネルギー消費量を世界トップレベルに到達
ハイエンド設備イノベーション	独自の知的財産権のあるハイエンド設備の市場シェアを大幅に高め、中核技術の海外依存度を顕著に低下

（出所）国務院「『中国製造2025』に関する通知」より作成。

1　産業政策が企業にもたらす影響

中国政府は2015年5月、「『中国製造2025（中国製造業10カ年計画）』に関する通知（以下、通知）」を公表した。[1]「中国製造2025」は「製造大国」から「製造強国」に転換し、産業高度化を目指す中国の国家戦略である。政策公表から3年余りが経過したが、中国政府はどのような取り組みを行い、中国企業にどのような効果をもたらしたのだろうか。

本章はまず「中国製造2025」が打ち出された背景や策定プロセスを概観し、政策の内容を確認することで、産業高度化に向けた中国の産業政策の潮流を検証する。その上で、政策が公表されてから現在に至るまでの中国政府の取り組みや進捗状況について整理する。さらに、日本企業の取り組み状況や今後の対応の方向性についても考察することで、対中ビジネス戦略の参考に資することを目的とする。

2　「中国製造2025」を読み解く

2-1「中国製造2025」が打ち出された背景〜産業高度化は喫緊の課題

まず「中国製造2025」が打ち出された背景について検証しておこう。「通知」では、中国の製造業を取り巻く内外情勢に関する現状認識が示されている。国外的には「先進国が『再工業化』戦略を実施し、製造業における優位性を持つ分野を新たに構築し、グローバル貿易・投資の新たな構造の推進を加速させる一方、開発途上国も産業の国際分業体制の再構築に積極的に参与し、産業・資本の移転を引き受ける中で、中国の製造業は『板挟み』という厳しい挑戦に直面している」と指摘している。

他方、国内については「中国の経済発展が『新常態』に入り、製造業は資源・環境の制約、労働力など生産要素コストの上昇、投資・輸出の伸びの鈍化など、新たな課題に直面している」との見解を示している。こうした内外情勢の中で、中国が今後も発展を維持していくには、産業高度化や生産性向上といった構造調整が急務となる。

世界銀行および国際連合工業開発機関のデータによれば、２０１２年における中国の製造業の生産額（付加価値額）は2兆７９３億ドル（約２２９兆円）と、米国の1兆９１２１億ドルを上回り、この時点で中国は世界一の「製造大国」になったとされる。(2) しかし、「通知」は中国の製造業は「世界の先進水準と比べると、規模は大きいものの強さに欠け、自主イノベーション能力、産業構造、情報化等の水準において明らかな開きがあり、産業の構造転換と高度化を図ることが喫緊かつ困難な課題」として、「製造強国」とはいえないことを率直に認めている。

中国が「製造強国」とはいえないことは貿易統計からも明らかだ。品目別の輸出額（２０１７年）を見ると、電話機（携帯電話等）が1位、自動データ処理機械（パソコン等）が2位となっているが、これらは輸入した部品を基に組み立てたものがほとんどである。そのほかテレビ・モニター等や照明器具、バッグ類、家具などが上位に並んでおり、組立品や労働集約的な品目が少なくない。輸入

図表 3-1　中国の主な輸出品目（左）と輸入品目・金額（2017 年、億ドル）

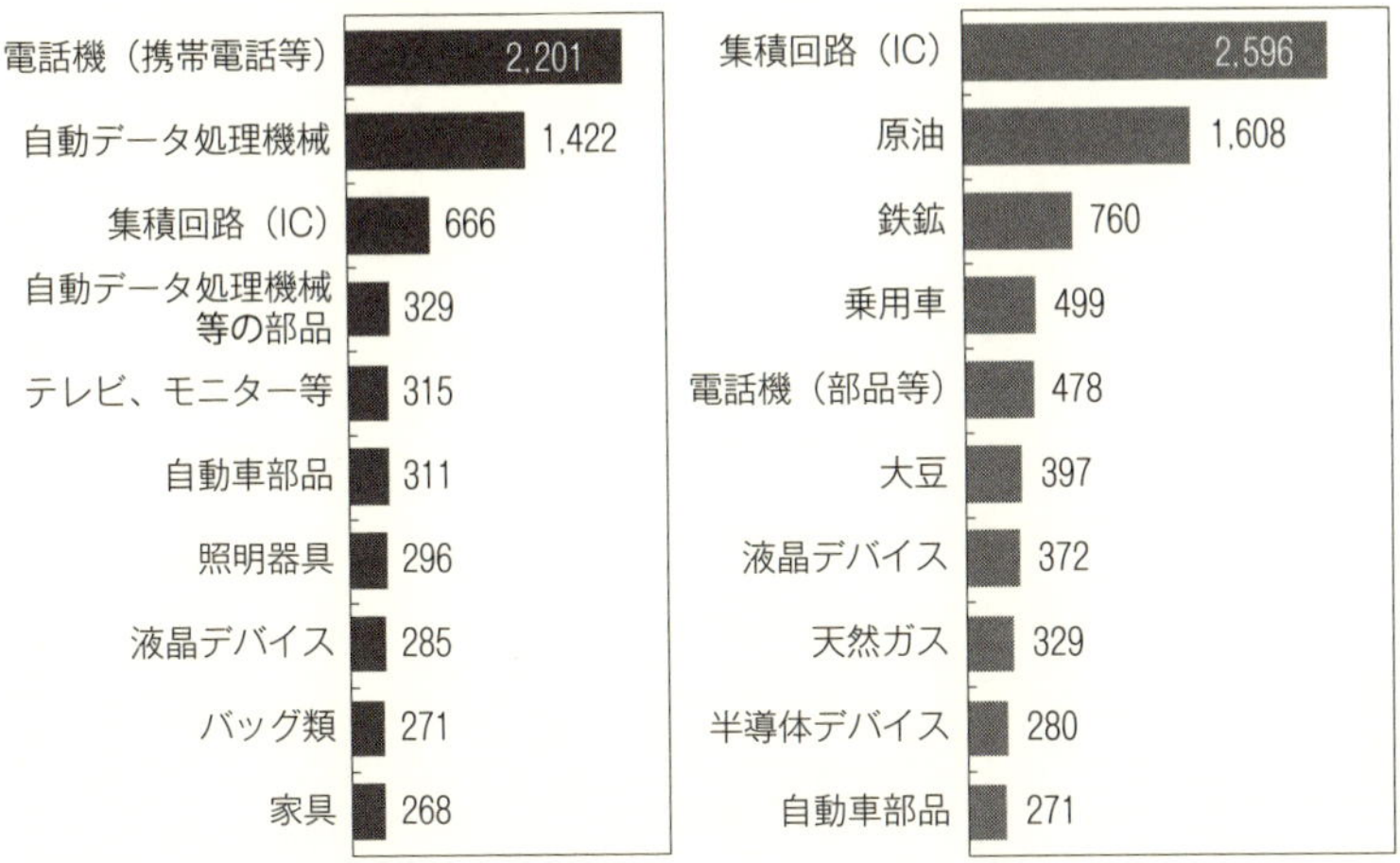

（出所）Global Trade Atlas から作成。

額ではＩＣ（集積回路）が２５９６億ドル（約29兆円）で最も大きい。ＩＣ以外でも液晶デバイスや半導体デバイス、電話機や自動車の部品が上位品目となっており、中国は多くの基幹部品を輸入に依存していることがよく分かる（図表３-１）。

「中国製造２０２５」はこうした現状を踏まえ、中国を「製造強国」に転換させるために打ち出された長期的な国家戦略といえる。

「通知」は「新たな科学技術革命・産業変革と中国の経済発展方式の転換加速との間に歴史的な交わりが生まれ、国際分業の構図が再構築されつつある。この重要な歴史的チャンスを着実につかみ、『製造強国』戦略を実施し、統一的な計画と将来を見据えた準備をしなければならない」と強調している。

2-2 「中国製造2025」の策定プロセス

こうした背景の下、「中国製造2025」はどのようなプロセスを経て策定されたのだろうか。発端は2013年初、中国工程院（技術分野の最高研究機関）の周済院長が提案した「製造強国戦略研究」プロジェクトとされる(3)。

プロジェクトは、製造技術を情報通信ネットワークと融合させて製造業を中心に産業競争力の強化を目指す、ドイツの構想「インダストリー4・0」の影響を受けたといわれる。実際に中国の政府系シンクタンクのある研究員は「中国工程院が『製造強国戦略研究』を推進したのは、ドイツとの交流が契機となっており、その意味で『インダストリー4・0』が『中国製造2025』の策定を促す『引き金』になった」と指摘している。

周院長は2013年末、研究結果を国務院（政府）に報告し、「中国製造2025」の制定を建議。「製造強国戦略研究」プロジェクトを高く評価した馬凱副首相は14年1月、工業情報化省を中心に「中国製造2025」戦略計画の策定を指示した。これを受け工業情報化省は国家発展改革委員会や科学技術省、財政省、国家質量監督検験検疫総局、中国工程院など約20の国務院関連部門、約50人の院士および約100人の専門家を組織し、1年余りの時間をかけて「中国製造2025」を策定した(4)。

「中国製造2025」の策定プロセスをみると、中国の政策策定には官庁だけでなく、シンクタンクや大学などの有識者が深く関わっていることが分かる。これは、中国において政策に関わる情報の収集・分析を行う上で、こうした有識者との交流が必要不可欠であることを示唆している。

2-3　「中国製造2025」の概要

「中国製造2025」の通知は、中国語で2万字、日本語に翻訳すると3万字を超えるという大量の政策文書であるが、苗圩・工業情報化相は、ひとことで言えば「1、2、3、4、5・5、10」だと総括している。(5)

「1」とは1つの目標、すなわち「製造大国」から「製造強国」へ転換が唯一の目標ということである。「2」とは「情報化」と「工業化」の2つの融合により製造業の発展をリードすること。「通知」では「次世代情報技術と製造技術の融合発展の推進を加速し、工場の自動化や情報通信技術（ICT）を使って生産を効率化するスマート製造を高度な融合の主な方向性とする方針」が掲げられている。

「3」とは1段階10年、3段階30年で目標を実現することを指す。具体的には、第1段階として、2020年までに工業化をほぼ実現し、「製造大国」としての地位をより確固たるものとした上で、25年までに製造業の全体的な資質を大幅に向上させ、イノベーション能力を顕著に増強し、労働生産性を上昇させ、工業化と情報化の融合を新たな段階に引き上げるとしている。第2段階として、35年までに中国の製造業全体の水準を世界の「製造強国」の中位レベルに引き上げる。最終的には第3段階として、新中国建国100周年（2049年）には、総合的な実力において世界トップレベルの「製造強国」となることを目指している。すなわち「中国製造2025」は、この3段階における第1段階の10年間にわたるアクションプランと位置付けられる。

「4」は目標実現のために掲げられた4つの原則（①市場主導・政府誘導②現在立脚・長期着眼

図表3-2 「中国製造2025」における5大プロジェクト

プロジェクト名	2025年までの目標
製造業イノベーションセンター建設	約40カ所の製造業イノベーションセンターを設立
スマート製造	製造業の重点分野において全面的にスマート化を実現し、パイロットモデル事業の運営コストを50%削減し、製品ライフサイクルを50%短縮し、不良品率を50%低減
工業基礎強化	中核基礎部品・基幹基礎素材の国内自給率70%を実現し、整備された産業技術基礎サービス体系を構築
グリーン製造	製造業のグリーン発展および主要製品における単位当たりエネルギー消費量を世界トップレベルに到達させ、グリーン製造体系を基本的に構築
ハイエンド設備イノベーション	独自の知的財産権のあるハイエンド設備の市場シェアを大幅に高め、中核技術の海外依存度を顕著に低下させ、インフラ能力を顕著に引き上げ、重要分野の設備で世界トップレベルを達成

（出所）国務院「『中国製造2025』に関する通知」より作成。

③全面推進・ブレークスルー重点④自主的発展・開放強化）である。

さらに、「5・5」とは「5」つの方針（①イノベーション主導②品質優先③グリーン発展④構造最適化⑤人材重視）のもとで、戦略任務の推進に向けて、「5」大プロジェクト（①製造業イノベーションセンター建設②スマート製造③工業基礎強化④グリーン製造⑤ハイエンド設備イノベーション）を実施することを掲げ、2025年における目標も定めている（図表3-2）。

最後の「10」とは、産業の発展を推進する10大重点分野（次世代情報技術産業、ハイエンド工作機械・ロボット、航空・宇宙用設備、海洋工程設備・ハイテク船舶、先進的軌道交通設備、省エネルギー・新エネルギー自動車、電力設備、農業用機器、新素材、バイオ医薬・高性能医療機器）を示している。（図表3-3）。

図表 3-3 「中国製造 2025」における 10 大重点分野

重点分野	主な対象（一部抜粋）
次世代情報技術産業	集積回路（IC）および専用設備：国家の情報、サイバー空間の安全および電子機器産業の成長に関わる中核汎用チップ等 情報通信機器：第 5 世代移動通信（5G）技術、超高速大容量インテリジェンス光転送技術等 オペレーションシステム（OS）、業務用ソフト：ハイエンド業務用ソフトウェアの中核技術等
ハイエンド工作機械・ロボット	ハイエンド工作機械：精密、高速かつハイパフォーマンス、フレキシブルな工作機械と基礎製造機械および統合製造システム ロボット：産業用ロボット、特殊ロボットおよび医療健康、家政サービス、教育・娯楽向けロボット等
航空・宇宙用設備	航空用設備：大型航空機、先進的な機上装備および機上システム 宇宙用設備：次世代の運搬ロケット、重量物搬送装置
海洋工程設備・ハイテク船舶	海洋工程設備：深海探査、海洋作業向け安全保障用設備および主要システム・専用設備 ハイテク船舶：液化天然ガス（LNG）運搬船等
先進的軌道交通設備	先進的で信頼性、適合性のある製品開発、製品の軽量・モジュール化、エコロジー性、スマート性の高い次世代の重量物搬送用高速軌道交通設備システム
省エネルギー・新エネルギー自動車	電気自動車、燃料電池自動車 自主ブランドの省エネルギー・新エネルギー自動車を世界トップレベルに引き上げ
電力設備	ウルトラクリーン石炭プラントの実用化、水力発電・原子力発電ユニット、重量型ガスタービンの製造能力向上 新エネルギー、再生可能エネルギー機器、先進的なエネルギー貯蔵装置、スマートグリッド用送電・変電機器
農業用機器	大口消費食糧、戦略的経済作物の主な生産プロセスで使用する先進的な農業用機器を重点にハイエンドの農業用機器および主要中核部品の開発を強化
新素材	特殊金属機能素材、高性能構造素材、機能性高分子素材、特殊無機非金属素材、先進的な複合素材および軍民共用の特殊素材
バイオ医薬・高性能医療機器	革新的な漢方薬および独創的な治療薬物 映像機器、医療用ロボットなどの高性能診療機器、生分解性血管内ステントなどの高付加価値医療消耗材、遠隔診療などの移動型医療機器

（出所）国務院「『中国製造 2025』に関する通知」より作成。

10大重点分野が制定された背景を、中国の政府系シンクタンクのある研究員は「国際競争力が強い分野と弱い分野にそれぞれフォーカスし、今後の方針を示したものだ」と解説している。

実際、10大重点分野の中で「国際競争力が弱い分野」として、最も力を入れようとしているのが「次世代情報技術」、特に集積回路（ＩＣ）である。輸入額は年間２０００億ドルを超え、海外にコア技術を握られている代表的な分野だからだ。５大プロジェクトの１つである「工業基礎強化」プロジェクトでは、中核基礎部品・基幹基礎素材の国内自給率を２０２５年までに70％にまで引き上げる目標を打ち出しているが、この目標達成のカギを握るのもＩＣといえる。この一環として、工業情報化省は14年10月、投資枠が１２００億元（約2兆円）にものぼる「国家集積回路産業投資基金」を設立して、関連企業への出資を推進している。

中国政府は巨大経済圏構想「一帯一路」を推進するため、沿線国の需要を取り込むべく、インフラ設備の輸出を強化していく方針を打ち出している。10大重点分野の中で「先進的軌道交通設備」や「電力設備」などのインフラ設備は国際競争力が強い分野といわれており、「一帯一路」構想の推進や輸出拡大の観点からも、今後注力していく分野になるとみられる。

この他、通知では政策実施のために、以下の8項目の戦略支援を掲げている。

①体制メカニズム改革の深化：法律による行政を包括的に推進し、政府の機能転換を進め、業界の自主性を尊重しながら公共サービス能力を強化する。

②市場の公平な競争環境の整備：市場参入制度改革を推進し、ネガティブリスト管理を実施し、全国統一の市場形成にとって不利な政策措置を全面的に整理・廃止する。

③金融支援政策の整備：金融分野を改革し、製造業の資金調達ルートを開拓し、資金調達コストを引き下げる。
④財政・税制政策による支援の強化：製造業に対する財政資金の支援を強化し、高度化・モデル転換のカギとなる分野への重点投資と税負担の着実な軽減を図る。
⑤重層的な人材育成体制の整備：製造業人材育成のための統合計画と分類指導を強化し、研究開発、実用化、生産から管理までの人材育成体制を整備する。
⑥中小零細企業政策の整備：零細企業の発展を支援する財政・税制優遇政策の整備を図り、中小企業発展特別資金の使用の重点と方式を改善する。
⑦製造業の対外開放のさらなる拡大：参入前内国民待遇とネガティブリスト管理制度を構築し、安定的で透明性のある予見可能なビジネス環境をつくる。
⑧組織的な実施体制の整備：国家製造強国建設指導グループを設立し、全体的な業務の統括・調整等を推進する。また、国家製造強国建設戦略諮詢委員会を設立し、製造業の発展をめぐる先見的、戦略的な重要問題について研究する。

3　「中国製造２０２５」における取り組み

政策実施のガイドラインといえる「『中国製造２０２５』の通知」の公表から2年以上が経過した。現在に至るまでの取り組みについて整理してみよう。

3-1 「重点分野技術ロードマップ」を公表

国務院弁公庁は2015年6月、製造強国戦略を推進し、全体を見据えた関連業務の統括と政策の調整を強化するために、「国家製造強国建設指導グループ」を設立した、と発表した。グループ長には馬凱副首相、副グループ長には苗圩工業情報化相など5人を選出したほか、業務を担当する事務局を工業情報化省の中に設置した。グループの諮問機関「国家製造強国建設戦略諮詢委員会」は同年9月、「『中国製造2025』重点分野技術ロードマップ」を公表した。(6)

ロードマップは「中国製造2025」における10の重点分野を23の重点方向に細分化しており（図表3-4）、需要、目標、発展の重点、応用モデルの重点、戦略支援と保障の5項目について、15年から25年までの状況を分析したうえで、30年における展望を示している。

ロードマップには具体的な数値目標も盛り込まれている。23の重点方向のうち、日本企業との関わりが深い、ロボット分野における需要と目標のロードマップを示しておこう（図表3-5）。

3-2 第13次5カ年計画における「中国製造2025」の位置付け

2016年3月の全国人民代表大会（全人代、国会に相当）で採択された「第13次5カ年計画」（2016～20年）では、「中国製造2025」は第5編「現代産業体系の最適化」の中の第22章「製造強国戦略の実施」に位置付けられている。具体的には「『中国製造2025』を深く掘り下げて実施し、製造業のイノベーション力と基礎力の向上を重点として、情報技術と製造技術のよりいっそうの融合を推進し、製造業のハイエンド、スマート、グリーン、サービスといった方向への発展を促進

図表 3-4 「『中国製造 2025』重点分野技術ロードマップ」における 23 の重点方向

重点分野	重点方向
次世代情報技術産業	IC・専用設備 情報通信設備 OS・産業用ソフト スマート製造のコア情報設備
ハイエンド工作機械・ロボット	ロボット ハイエンド NC 工作機械・基礎製造設備
航空・宇宙用設備	飛行機 航空エンジン 航空機載設備・システム 宇宙設備
海洋工程設備・ハイテク船舶	海洋工程設備・ハイテク船舶
先進的軌道交通設備	先進的軌道交通設備
省エネルギー・新エネルギー車	省エネ自動車 新エネ自動車 スマートコネクティドカー
電力設備	発電装備 送電・変電装備
農業用機器	農業用機器
新素材	先進基礎素材 キーとなる戦略素材 先端新素材
バイオ医薬・高性能医療機器	バイオ医薬 高性能医療機械

（出所）国家製造強国建設戦略諮詢委員会「『中国製造 2025』重点分野技術ロードマップ」より作成。

図表 3-5　ロボット分野における需要と目標のロードマップ

	2020 年	2025 年	2030 年
需要	産業用ロボットの販売台数は 15 万台、保有台数は 80 万台	産業用ロボットの販売台数は 26 万台、保有台数は 180 万台	産業用ロボットの販売台数 40 万台、保有台数 350 万台
	各分野の生産設備のデジタル化、標準化、モジュール化、ネットワーク化のニーズ	各分野のハイレベルな処理力、スマート化の生産設備およびフレキシブル生産システムに対するニーズ	
	技術進歩、消費水準向上に伴い、公共安全、救済救助、教育、娯楽に用いられるサービスロボットのニーズが急増		
		社会的に高齢化が加速する段階に入り、全社会の家政サービス、養老介護、障害者介護、リハビリ介護ロボットに対するニーズが急増	
目標	自主ブランド産業用ロボットの国内市場シェア 50%	自主ブランド産業用ロボットの国内市場シェア 70%以上	
	基幹部品の国産化率 50%以上	基幹部品の国産化率 80%以上	
	製品の平均故障間隔（MTBF） 8 万時間	製品の平均故障間隔が国際先進水準に	
	自主ブランドのサービスロボットが小規模生産と応用を実現	自主ブランドのサービスロボットの産業化と普及応用を実現	自主ブランドのサービスロボットが国際先進水準に
	年産 1 万台以上、生産規模が 100 億元を超え国際競争力を持つ企業 2 ～ 3 社育成	1 ～ 2 社の企業が世界トップ５入り	
	速度、積載、精度、自重比などの主要技術指標が海外と同水準に		主要技術指標が国際最高水準に
	次世代ロボットのコア技術の取得をブレークスルー	次世代ロボットの試作機の研究開発が成功、試験的応用へ	次世代ロボットの小規模生産と応用を実現

（出所）国家製造強国建設戦略諮詢委員会「『中国製造 2025』重点分野技術ロードマップ」より作成。

図表 3-6　第 13 次 5 カ年計画における「中国製造 2025」の位置付け

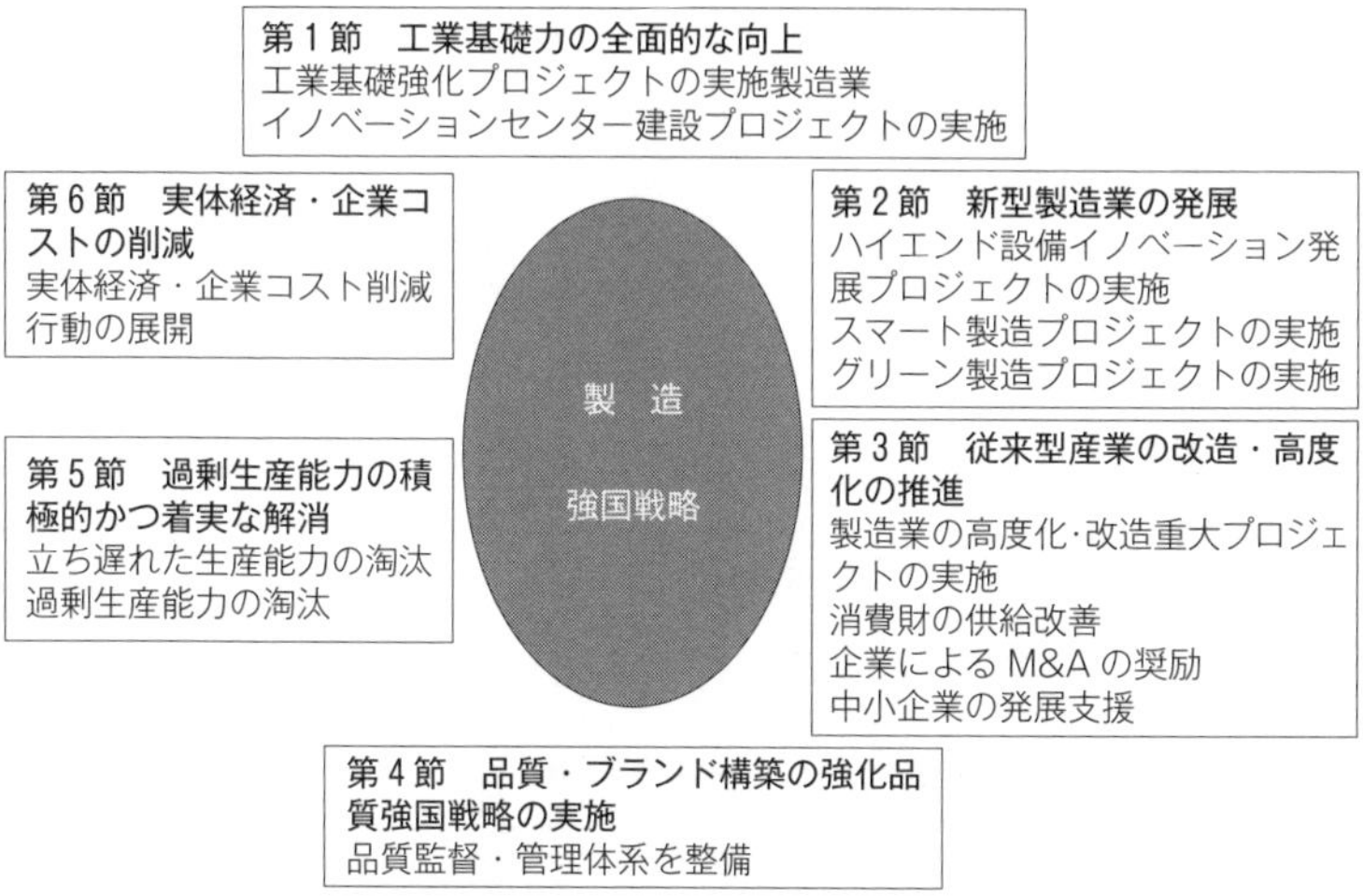

（出所）「中華人民共和国　国民経済・社会発展第 13 次 5 ヵ年計画要綱」より作成。

し、製造業の競争をめぐる新たな優位性を育成する」とされている。

全6節から成る第22章で注目されるのは、中国が「中国製造2025」を通じて製造業の高度化を図る一方、「サプライサイドの構造改革」にもとづき生産過剰産業の再編を推進する、という2つの政策のパッケージで「製造強国戦略の実施」を推進しようとしていることである。第1節「工業基礎力の全面的な向上」および第2節「新型製造業の発展」では、「中国製造2025」が打ち出した5大プロジェクト（製造業イノベーションセンター建設、スマート製造、工業基礎強化、グリーン製造、ハイエンド設備イノベーション）を掲げている（図表3-6）。

「サプライサイドの構造改革」は習近平国家主席が主宰した2015年11月の第11回中央財経指導小組会議において、中央レベルで初めて打ち出された政策である。同年12月の「中央経済工作会議」では、「サプライサイドの構造改革」の５大重点任務として①過剰生産能力の解消②（減税などによる）企業のコスト低減③不動産在庫の解消④有効な供給の拡大⑤金融リスクの防止・解消——が定められた。第13次５カ年計画の第５節「過剰生産能力の積極的かつ着実な解消」及び第６節「実体経済・企業コストの削減」は、５大重点任務の①及び②に関わるものである。

３-３　「中国製造２０２５」に対する外資企業の投資を奨励

国務院は２０１７年1月17日、「対外開放の拡大と外資の積極的利用に関する若干の措置に関する通知」を公表した。この「通知」では①対外開放のさらなる拡大②公平な競争環境のさらなる整備③外資誘致活動のさらなる強化——の３分野で、計20の措置が示された。

３分野のうち①対外開放のさらなる拡大において、外資企業と内資企業に「中国製造２０２５」戦略の政策措置を同等に適用する方針が打ち出され、ハイエンド製造、スマート製造、グリーン製造及び工業デザイン、エンジニアリングコンサルティング、現代物流、検査・認証等の生産型サービス産業、従来型産業の改造・高度化に対して、外国投資を奨励することが掲げられた。

３-４　「１＋X」計画を公表

工業情報化省は２０１７年2月10日、「中国製造２０２５」の実施に向け、国家製造強国建設指導グループの下で策定された「１＋X」計画を公表した。「１」は「中国製造２０２５」、「X」は関連

図表3-7「1＋X」計画の政策体系

5つの重点プロジェクト	2つの特別行動	4つの発展計画
製造業イノベーションセンター建設 工業基礎強化 グリーン製造 スマート製造 ハイエンド設備製造	設備製造業の品質・ブランド向上 サービス型製造業の発展	新素材産業 情報産業 医薬産業 製造業人材

（出所）工業情報化省「『1＋X』計画」より作成。

する11の実施ガイドライン（5つの重点プロジェクト、2つの特別行動、4つの発展計画）を指す（図表3-7）。

「1＋X」計画における「5つの重点プロジェクト」とは「中国製造2025」の5大プロジェクトを具体的に実施するため、実施目標や任務及び手段を明確化したものである。また、「2つの特別行動」とは、「設備製造業の品質・ブランド向上」と「サービス型製造業の発展」を指し、前者は「品質安全を基礎、高品質製品を核心とした国際ブランドを確立することを目的とした、製造業の競争力の新たな優位性の創出」、後者は「製造業企業のサービスモデル、技術、管理の革新を通じた、融合発展による新たな業態の育成」を目指している。「4つの発展計画」とは①新素材産業②情報産業③医薬産業④製造業人材――の4分野におけるガイドラインを提示したものである。

なお、「1＋X」計画は2016～20年までの政策実施におけるガイドラインを示したものであり、21年以降の計画については別途策定されるものと予想される。

4　「中国製造2025」の進捗状況

国務院による「中国製造2025」に関する一連の取り組みは実際に、どの程度、産業界において効果をあげているのだろうか。ここでは、進捗状況を考えてみたい。

4-1　国務院定例政策ブリーフィングでの工業情報化省次官の説明（2017年5月24日）

「中国製造2025に関する通知」の公表から約2年が経過した2017年5月、国務院新聞弁公室は定例政策ブリーフィングを開催。工業情報化省の辛国斌次官が「中国製造2025」の推進状況について以下の6項目を紹介した。

①基本的なグランドデザインの完成：「中国製造2025」を指針、11の実施ガイドラインを中心とし、重点分野技術ロードマップ等が補足として形成された。

②工業の基礎能力の着実な強化：いくつかの中核基礎部品、基幹基礎素材、先進基礎技術等の問題が解決し、産業技術の基礎が固められた。

③スマート製造水準の継続的な上昇：いくつかのスマート工場、デジタル生産が確立され、重点産業のデジタル研究開発設計装置の普及率、デジタル生産設備のネットワーク化率が向上した。

④イノベーション体系構築の推進：初の国家製造業イノベーションセンターとなる動力電池イノベーションセンターが、添加物製造イノベーションセンターがひな形となり、19の省級イノベーショ

ンセンターが建設された。

⑤品質ブランド建設の新たな進展：実物の製品の品質が向上し、原材料、重大設備などの分野で一部の製品の品質が国際先進水準に近づいた。

⑥試行モデル都市の良好な開始：浙江省寧波市など12の都市と4つの都市群が「中国製造2025」試行モデル都市（群）に選定され、各試行都市はいくつかのイノベーション措置を打ち出した。

辛次官は「製造強国」に向け、ハイエンド設備、脆弱設備およびスマート設備を切り口として、主要なコア技術の難関に重点的に取り組むべく、主に以下の3つの措置を取ることを表明した。

①「コア・ハイエンド・基礎」、すなわちハイエンドCNC工作機械および基礎的な製造設備、大型航空機、「両機（航空エンジンおよびガスタービン）」など、国家の科学技術重大プロジェクトを継続的に実施する。

②主要脆弱設備プロジェクトを展開し、重点分野のイノベーション発展と従来型産業の高度化・改造、必要とされる設備の産業化プロジェクトを集中的に支援する。

③センサー、工業用ソフトウェア、工業用制御システム、ソリューションプロバイダー等の突出して脆弱な制約のブレークスルーを図り、スマート機器やシステムの産業化応用を実現する。

加えて、辛次官は「『中国製造2025』の主な方向はスマート製造であり、その中核はセンサー、工業用制御システム、工業用インターネットシステムをより多く活用してスマートな意思決定を実現することである。したがって、スマート製造におけるいくつかの欠点やボトルネックの解決を図らなければならない」との見解を示した。

４-２　共産党大会における苗工業情報化相の会見（２０１７年10月19日）

中国共産党第19回全国代表大会（党大会）の期間中である２０１７年10月19日、「新型の工業化の道を歩む」をテーマに、苗圩・工業情報化相が記者会見し、「『中国製造２０２５』の発表・実施から2年余りの間、国家製造強国建設指導グループの指導の下、各方面の進展は順調であり、工業の安定した成長、製造業の高度化・モデル転換の加速において重大な役割を果たした」と述べた。

前述の辛次官が報告した項目以外では、『中国製造２０２５』省市別指南」の作成や品質・ブランド構築に向けた「三品（品目、品質、品牌（中国語でブランド））」行動計画の成果等が紹介された（図表3-8）。

図表 3-8　中国製造 2025 の進捗状況（2017 年 10 月時点）

項目	概要
グランドデザインが完成	「中国製造 2025」「1＋X」、すなわち主要文書に 11 の関連文書を加えた政策体系を形成
5 大プロジェクトの実施が 16 年末までに全面始動	製造業イノベーションセンター建設、スマート製造、工業基礎強化、グリーン製造、ハイエンド設備製造イノベーションの各プロジェクトが順調に推進され、中国の製造業の競争力が効果的に向上
試行モデル作業が着実に推進され、効果が顕在化	浙江省寧波市等の 12 都市および江蘇省南部の 5 つの市等の 4 つの都市群、計 31 都市を「中国製造 2025」試行モデル都市に指定
各地方産業の差別化発展の構造形成が加速化	重複建設、低レベル競争等、長期的に存在するネガティブな状況を改善するため、各地方が比較優位を有する産業を重点的に選定し、「『中国製造 2025』省市別指南」を作成
工業製品の品質・ブランドの構築において成果を取得	消費財の品目増加、品質向上、ブランド確立の「三品」行動計画を実施。重点企業が工業デザイン、フレキシブル生産、先進的な品質管理能力等を向上させ、消費財の安全基準が国際基準にさらに近づき、ブランドの育成と試行における成果が顕著に

（出所）党大会の記者会見（2017 年 10 月 19 日）における苗圩・工業情報化相のコメントより作成。

なお、苗圩・工業情報化相が記者会見で準備作業を進めていると表明した「『中国製造2025』国家級モデル区」については、翌11月20日、国務院から「『中国製造2025』国家級モデル区創設に関する通知」が公布された。「通知」は「モデル区の創設を通じて、地方が実体経済、特に製造業の高度化転換のための新たなモデルを探ることを奨励・支持する」と強調している。

4-3　国務院新聞弁公室主催の記者会見における苗工業情報化相の発言（2018年1月30日）

苗圩・工業情報化相は2018年は以下の6点を重点として、「中国製造2025」を引き続き踏み込んで推進する考えを表明した。

①5大プロジェクト（製造業イノベーションセンター建設、スマート製造、工業基礎強化、グリーン製造、ハイエンド設備イノベーション）を継続して実施する。
②「中国製造2025」の国家級モデル区を創設する。
③世界的レベルの先進製造業クラスターを育成する。
④製造業とインターネットの融合発展を推進し、インダストリアル・インターネットのプラットホーム育成、企業の「クラウド接続」などのプロジェクトを手配・実施する。
⑤製造業の供給システムの質を向上させ、18年の鉄鋼過剰生産能力の削減任務を実行し、新たな段階における重大技術の改造・高度化プロジェクトを実施する。
⑥製造業の発展環境を最適化する。特に「放管服」（権限委譲・管理強化・サービス最適化）改革を深化させ、制度的取引コスト等を低減する。

5　日本企業の対中ビジネス戦略へのインプリケーション

これまで中国政府による「中国製造2025」の取り組みや進捗状況を見てきた。一連の産業高度化への動きは、中国でビジネスを展開する日本企業にとっては、どのような影響があるのだろうか。最後に「中国製造2025」と日本企業の対中ビジネスの可能性を探って見よう。

5－1　日本企業の取り組み～三菱電機、日立製作所、富士通などの事例

中国企業や地方政府とのアライアンス等を通じて積極的に「中国製造2025」に取り組んでいる企業の一つに、三菱電機があげられる。

同社は2015年12月、日本で事業化していた工場内の設備をネットでつないで稼働状況を管理できるIoTサービス「e-F@ctory（eファクトリー）」の本格展開を中国でも開始した。eファクトリーを推進するパートナー組織を80社以上の中国パートナー企業とともに立ち上げた。16年9月には「中国製造2025」を推進する国の機関の担当者を日本に招いて視察に案内するなどの取り組みも行っている。

また、戦略的パートナー契約を結んでいる江蘇省常熟市の「常熟グリーン智能製造技術イノベーションセンター」の開設にも大きく貢献している。同センターは常熟市が2017年7月、製造業の高度化を推進するために、高度の生産技術やノウハウを持つ企業や大学、研究機関などが連携し、技

術や研究成果の発信や人材育成などを行う施設として設置されたもので「中国製造２０２５」の中核拠点としても期待されている。

センター内の展示コーナーのうち、三菱電機は最も大きいスペースを使いロボットやサーボモーター、制御機器のシーケンサ、省エネ機器など使ったeファクトリーによるソリューション事業を披露。「中国製造２０２５」を支援する立場として存在感を示している。今後は、自社の常熟工場を増強した第二工場などを活用し、中国市場へeファクトリーをさらに浸透させる方針[7]。同社の富澤克行・中国総代表は「一番のポイントは、製造業の現場の課題を発掘し、その課題に共に向き合い、モノを売る事から付加価値を提供する事に変えていくことである。製造業が、量から質、そして質から価値の時代へ進む中、『中国製造２０２５』への貢献を通じて、中国社会と経済の発展を下支えしていく」と強調する[8]。

さらに、同社は「中国製造２０２５」の下で、スマート化・ＩｏＴ化を進める国家プロジェクトや政府補助金施策による投資が活発化し、産業用ロボット需要が大きく伸長していることから、常熟市の第二工場内にロボット製造ラインを新設すると発表[9]。名古屋製作所と合わせ全体の生産能力を２０１６年度比１・５倍とし、ロボット事業のさらなる拡大を推進する方針も示している。

技術交流会やセミナーの開催を通じてビジネスチャンスを模索する動きもある。日立製作所は２０１５年11月、北京市において、ネットワーク機器メーカーの業界団体である中国電子商会とともに、行政と企業間の交流および協力の促進を目的に、「グリーン製造」「スマート製造」に関する技術を紹介する「中国製造２０２５」技術交流会を開催した（写真３-１）。

写真 3-1　日立製作所主催「中国製造 2025」技術交流会（2015 年）の模様

（出所）写真左は小久保憲一・日立製作所中国総代表、右は工業情報化省の専門家・王喜文氏。

会議には工業情報化省・省エネ・総合利用局の畢俊生副局長や中国電子商会の王寧常務副会長らが出席し、設備製造やＩＴ企業、各業界の協会代表者など約２００人が聴講した。日立は「グリーン製造」「スマート製造」の実現に貢献する技術やソリューション、事例などを紹介したほか、中国の製造業において日立の技術がどのように適応できるかについても中国側と議論した。

また、２０１６年12月にも、北京市で「創新と健康養老」をテーマとした経済技術交流会を開催。「中国製造２０２５」に応える日立の社会イノベーション事業やＩｏＴ関連の研究開発の状況など紹介した[10]。同社は技術交流会での中国政府・企業との交流を通じ、協創をさらに加速し、社会イノベーション事業を展開することで、「中国製造２０２５」の実現に貢献していく方針を示している。

さらに、２０１７年12月には、広東省広州市において、「Hitachi Social Innovation Forum 2017 GUANGDONG」を開催[11]。本フォーラムでは、「中国製造２０２５」による製造業改革など、中国社会の持続的な発展に向けた課題を議論したほか、ＩｏＴ関連技術やソリューションを展示紹介した。

同社は、中国を最も重要な市場の一つとして位置づけ、現在進めている「2018中国事業戦略」では、プロダクト事業のさらなる強化と中国の発展方向に沿った社会イノベーション事業の拡大を柱としている。中国社会のデジタル化や少子高齢化といった課題に対し、スマート製造などの分野で培ってきたノウハウに加え、IoTプラットフォームを活用しながら中国のパートナーとの協創を加速することで、新たなソリューション・価値の創出することを目指す。

東芝は2016年12月、「中国製造2025の動向・展望と東芝の次世代ものづくりセミナー」を上海市で開催。工場の設備・機器を含む製造現場とサプライチェーン全体が連携し合う「つながる工場」の実現に向けた標準化の最新動向を伝えた。IoTや次世代ものづくりのテクノロジーを活用した解決の方法を提案したほか、IoTを活用した仕組みを効率的かつ速やかに立ち上げるためのツールも紹介した[12]。

個別企業とのモデル事業を通じて、商機を探る企業もある。富士通は2016年10月、スマートシティソリューション事業を手がける国有企業、上海儀電集団と「スマート製造プロジェクト」で協業すると発表した[13]。具体的には、上海儀電のグループ会社のカラーフィルター製造工場で、現在の業務プロセスや課題を把握し、それらを検証することで、現状の業務に合ったスマート工場の実現に向けた計画を策定。既存の自動生産ラインと製造管理システムなどの情報に基づき、製品の製造工程や生産ラインの配置などの製造全体のプロセスをビッグデータやIoTなどのデジタル革新を実現するテクノロジーと結び付け、富士通のセンサーやネットワーク技術、ダッシュボードソリューション、ビッグデータ分析プラットフォームなどを活用した工場の効率性を可視化するシステムを構築し、製造のスマート化を進めていく意向を示した。

それから1年半を経て、両社の協業は新たなステージに入る。富士通は２０１８年3月、上海儀電とスマート製造ソリューションのプラットフォームおよびサービスを提供する合弁会社を設立したと発表(14)。スマート製造エコシステムの構築を通じて、中国におけるスマート製造分野の業界標準の確立と模範企業になることを目指す。同社の田中達也社長は「中国製造業の発展と産業構造改革に貢献すべく、よりよいソリューションとサービスを提供していく」とコメントしている。

川崎重工業と海運最大手、中国遠洋運輸集団（コスコ・グループ）の合弁会社、南通中遠川崎船舶工程（江蘇省南通市）は船舶製造スマート生産について、中国政府からスマート製造の試行モデルプロジェクトに選定されている。合弁会社は多品種少量生産の現場で川崎重工業の自動化設備（主にロボット）を現在、29生産ラインで導入している(15)。

５－２　日本企業はいかに対応すべきか～攻めと守りの両面が必要

「中国製造２０２５」は長期的な戦略であるが、あらゆる手段を利用して中国が「製造大国」から「製造強国」へと転換する方向性を示している。この政策は日本企業の中国ビジネスにも少なからず影響を与えることが予想される。「中国製造２０２５」を踏まえ、日本企業はいかに対応していくべきか。

第1に、中国が製造強国入りを目指して本格的に動き出す中、日本企業としても、常に研究開発を行い、技術の先進性・優位性を保持していくことが、中国企業との競争上重要である。ある日本企業の幹部は「当社は技術を中国に出し渋っているが、現在あるレベルの技術を出せばよいのであって、その間に日本で次を開発していく。その連続だと思う」とコメントしている。

第2に、「中国製造2025」が掲げている「5大プロジェクト」や「10大重点分野」には、今後の中国市場における有望分野のほか、日本企業が優位性を持つ分野も多く含まれている。技術を必要とする中国の政府や企業とアライアンスを組みつつ、市場開拓を推進することがビジネスチャンスにつながる。

中国の政府や企業とのアライアンスをする上で問題となるのは「中国製造2025」の定義だ。ある日本企業の関係者は「中国政府の誰に聞いても、それぞれ定義が異なり、勝手な考えを述べている。中国政府から、あるべき姿の提示があれば、こういうアプローチがあると言えるのだが、『中国製造2025』がいわば『バズワード』になって混乱していることが最大の悩みだ」と語る。このため、現状では個別に各社ができる範囲で「中国製造2025」に対応しているに過ぎない。「中国製造2025」は中国政府のマクロ的な政策の方向性を示すものである。それを踏まえて各官庁や地方政府が、企業にとって具体的なインセンティブのあるどのような政策を打ち出すのかを見極めていくことも必要である。

第3に、「製造強国」への転換を急ぐ中国企業による、単なる技術の獲得だけを目的とした敵対的買収を回避するなど、技術流出の防止や知的財産権の保護に努めていくことも重要になろう。

中国が30年後を見据えて目指す最終目標は「総合的な実力において世界トップレベルの『製造強国』」の実現にある。これは「あらゆる技術の国産化」と同義と言っても過言ではない。実際、国家発展改革委員会と工業情報化省が２０１６年5月に公表した「製造業の高度化・改造重大プロジェクトの実施に関する通知」では政策支援強化の一環として、「『政府は国産品を購入する』理念を確立し、政府による初購入、発注およびサービス購入等の方式を通じて国内のイノベーション製品を支援する」という方針が謳われている。

２０１７年5月の国務院定例政策ブリーフィングにおいて、工業情報化省の辛国斌次官が「現存する際立った問題は、先進国が中国に対して輸出を禁止もしくは厳格に制限している技術、設備および製品が少なくないことである」と技術移転に対する不満を述べたことも、技術の国産化を急ぐ政府の考えが背景にあるとみられる。このため、中国資本による敵対的買収の活発化も予想され、日本企業としては警戒せざるを得ない。

もっとも、中国は巨大な市場があることも事実である。技術を出し惜しみすれば、マーケットリーダーになれず、ビジネスチャンスを失うリスクもある。ただし、中国の基本戦略は「市場と技術の交換」。外資系企業に市場を開放するのは技術取得が目的であり、市場開放は自国産業の育成手段であることには留意する必要がある。日本企業としては、チャンスとリスクを慎重に見極めつつ、「突っ込むところは突っ込むが、取られて困るところは出さない」（日系電機メーカー幹部）という、いわば「是々非々」で対応していくことが「中国製造２０２５」に関わらず、中国ビジネスにおいては肝要といえよう。

6　着実に広がるイノベーションの波

「中国製造2025」が公表されてから3年余りが経過した。その成果について、中国の有識者にヒアリングしたところ、「長期的な政策であり、短期間では目立った効果は見られない」「具体化については さまざまな取り組みが必要になり、時間もかかるものなので、どういう成果が出てきたかについては、まだ言い難い」といった声が聞かれた。

また、「中国政府はフレームワーク作りや目標設定といったマクロ政策には優れているものの、実施段階のロードマップや機能分担、評価システムなどのミクロ政策は弱いのではないか」との指摘もあり、成果は必ずしも顕著でないとみる向きも少なくない。日本企業からは「『中国製造2025』発表前と後で、中国の製造業界の意識変化を感じている」（富澤三菱電機中国総代表）との見方もあるが(16)、他方、「『中国製造2025』で中国企業のイノベーションが向上しているとは思えない」との意見もある。

中国の製造業は独自のイノベーション能力の不足や、コア技術および基幹部品の対外依存度の高さ、世界的に有名なブランドの不足など、製造強国への転換に向けて、解決しなければならない問題を数多く抱える。先進国に短期間でキャッチアップするのが難しいことは中国政府自身も認識しており、だからこそ、30年という長期的な視点から取り組もうとしている。

成功例がないわけではない。海外からの技術導入に基づいて国産化を進め、10年余りで海外進出にまでに至った高速鉄道はその典型だろう。高速鉄道に加えて、モバイル決済、シェア自転車、ネット通販は、中国の「新四大発明」として現在注目を集めている。「新四大発明」がすべて中国オリジナルの発明かといえば、疑問はあるものの、いずれも巨大市場を背景に、世界の最先端を走るまでに至ったことは間違いない。

最近では中国が初めて独自開発した商用中型旅客機として、中国商用飛機によるナローボディ機「Ｃ９１９」が２０１７年５月５日、上海浦東空港にて初飛行に成功した。米連邦航空局（ＦＡＡ）の型式認証を取得していないため、現状では国内専用の旅客機にとどまるが、中国商用飛機は将来的に欧エアバス、米ボーイングに次ぐ、第三勢力となることも視野に入れている。

世界知的所有権機関（ＷＩＰＯ）によれば、特許の国際出願件数で、中国は２０１７年に日本を抜いて第２位となった。ＷＩＰＯは３年以内に中国が米国を追い抜くと予測している[17]。他方、中国に対する米国の警戒感は相当強いとされる。事実、米国が２０１８年４月３日、知的財産権の侵害を理由に、通商法３０１条に基づく制裁関税の原案として公表した１３００品目に、半導体や産業用ロボット、航空機、自動車などが含まれたことから、「制裁案は『中国製造２０２５』に照準を合わせたのではないか」と見る向きが少なくない。

自転車から飛行機まで、中国のイノベーションの波は着実に広がっている。中国の能力は決して侮ることができないのだ。「中国製造２０２５」が効果を上げてくれれば、日本にとって先端産業分野においても手強い競争相手となることは否定できない。それだけに、産業高度化に向けた中国の政策動向については、短期的な評価にとどまらずに、長期的な視点から注視していく必要があろう。

【注】

（1）通知の本文は中国政府のウェブサイト（http://www.gov.cn/zhengce/content/2015-05/19/content_9784.htm#）で閲覧可能。
（2）製造強国戦略研究項目組著『製造強国戦略研究・総合巻』電子工業出版、２０１５年。
（3）「中国科学報」（２０１５年4月14日付）及び関係者へのヒアリングなどによる。
（4）国務院の定例政策ブリーフィング（２０１５年3月27日）における工業情報化省・蘇波次官のコメント。なお、院士とは大学や研究所における高級な職称を指す。
（5）「中国電子報」（２０１５年5月19日付）。
（6）ロードマップは国家製造強国建設戦略諮詢委員会のＨＰ（http://www.cm2025.org/show-16-90-1.html）で閲覧可能。
（7）三菱電機・技術レポート「海外レポートＶｏｌ．１『中国製造２０２５』の中核拠点設立を三菱電機が支援」２０１７年8月。
（8）三菱電機・技術レポート「海外レポートＶｏｌ．２『中国製造２０２５』に向けた三菱電機の取り組み」２０１７年8月。
（9）三菱電機ニュースリリース（２０１７年11月16日付）。
（10）日立製作所プレスリリース（２０１６年12月16日付）。
（11）日立製作所プレスリリース（２０１７年12月4日付）。
（12）東芝デジタルソリューションズ「『次世代ものづくりセミナー（中国）』レポート」２０１６年12月14日。
（13）富士通プレスリリース（２０１６年10月5日付）。
（14）富士通プレスリリース（２０１８年3月9日付）。
（15）「中国水運網」２０１７年12月11日付。
（16）三菱電機・技術レポート「海外レポートＶｏｌ．２『中国製造２０２５』に向けた三菱電機の取り組み」２０１７年8月。
（17）ＷＩＰＯプレスリリース（２０１８年3月21日付）。

▶ 第4章

ニューエコノミーが成長の原動力に

——ユニコーンの誕生、新たな経済圏形成

富士通総研 主席研究員

金 堅敏

☞ Point

- 中国政府は2000年代半ばから「自主創新」の方針のもと、イノベーション（革新）を原動力とした成長を目指したが、効率の悪さ等の課題があった。近年では「大衆創業、万衆創新」というベンチャー育成を重視する政策がスタート。創業ブームが起こり、ニューエコノミーの担い手が次々と生まれている。
- 創業ブームは「ユニコーン企業」の量産、さらにはアリババ集団のような巨大企業の出現につながり、世界的に注目されるようになった。その背景にはネット技術による購買力の集中、優秀で意欲にあふれた人材、様々な資金調達の手法、オープンソースの活用など、中国独特の優位性がある。
- 成功したベンチャー企業は、後に続く起業家や企業に資金、ノウハウを提供して新たなイノベーションを生み出す、循環的な成長モデルを構築している。ニューエコノミーの活力を在来産業にも移転し、産業界全体の活性化を図れるかどうかが注目される。

注目データ　ニューエコノミーと在来産業の融合で中国の産業界は活性化する

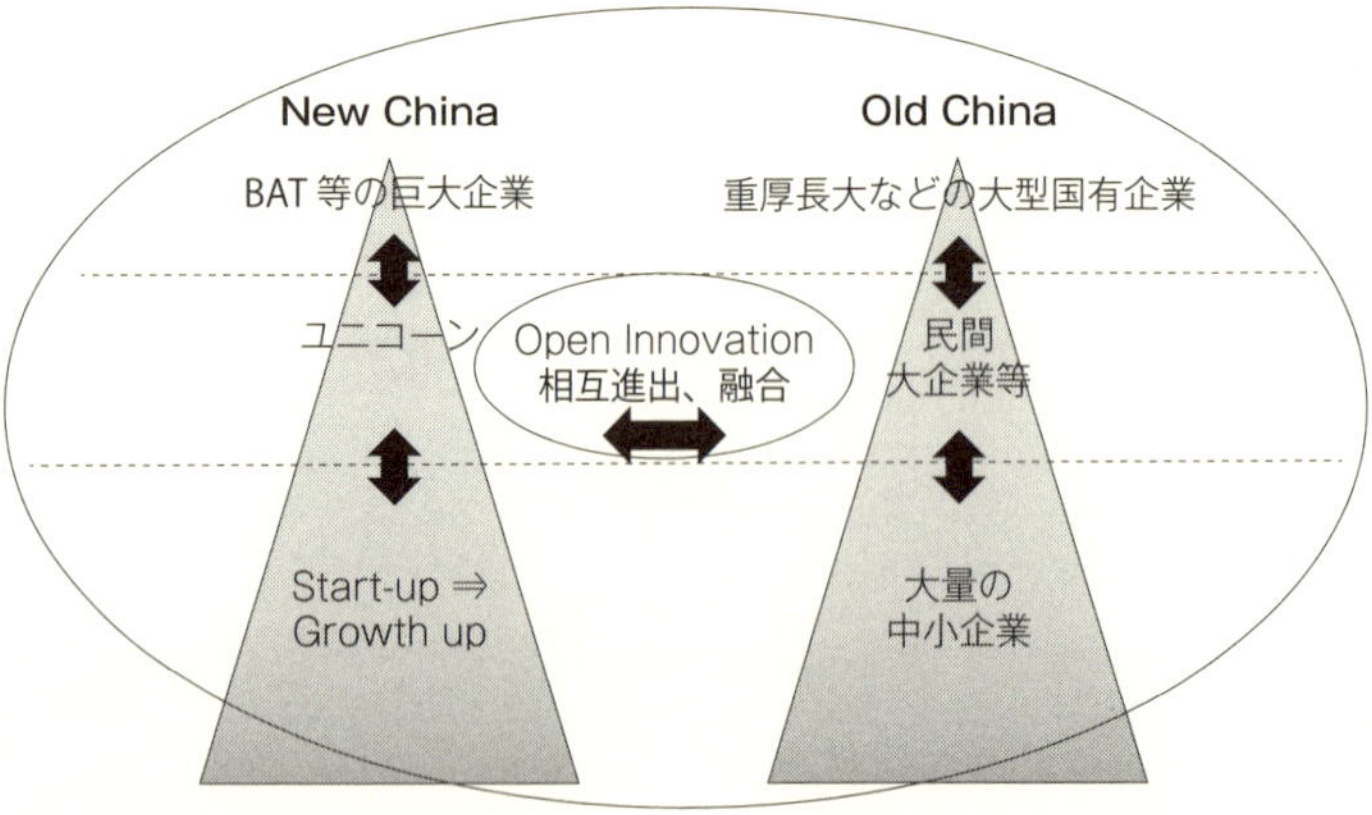

（出所）筆者作成。

1　大きく変わる産業界

ここ数年、経済成長率の鈍化を余儀なくされている中国は、中所得国のレベルで停滞し先進国（高所得国）の仲間入りが難しい「中所得国の罠」にはまってしまうのではないかと、内外から懸念されている。安定した経済成長率を維持し「中所得国の罠」を回避するため、近年、中国政府が強調しているのが、サプライサイドの改革を通じて潜在成長率を高める政策である。規制緩和や国有企業改革等の競争戦略とともに、企業の研究開発を奨励し、成長の原動力を「イノベーション（革新）」に求める「創新駆動発展戦略」が注目されている。この戦略の特徴は、政府や国有企業が主導する「挙国体制型」の姿勢を転換して、「大衆創業、万衆創新」というスローガンの下、「草の根」レベルでの創業やイノベーションを重視した点にある。

政府の姿勢の転換を示す例として、「抓新放旧」（新しい産業をつかみ古い産業を手放す）という言葉がある。かつて市場経済移行期に使われた「抓大放小」（大企業をつかみ中小企業を手放す）というスローガンとは、相反する語感である。「抓新放旧」は重厚長大産業を主体とする旧経済を整理統合する一方、「三新経済」（新技術、新産業、新業態）を柱としたニューエコノミーをしっかり育てる、という意味であり、最近の中国の産業界の現状もこの言葉に集約できよう。アリババ集団に代表されるインターネット関連の巨大企業や、彼らに続く「ユニコーン企業」（企業価値が10億ドルを超える未上場企業）、さらには無数ともいえるベンチャー企業がニューエコノミーの担い手であり、新しい企業群は中国の産業構造の転換をもたらし、安定した経済成長を支える原動力になろうとしている。

これらのネット巨人や数多くのユニコーンはいかにして生まれたのだろうか。ネット時代における中国の優位性はどこにあるのか。また、ベンチャーブームやユニコーンの量産は持続可能なのか。さらに、ニューエコノミーで生まれた活力はオールドエコノミーにおいても出現するのだろうか。これらの問題意識を抱えながら、本章では中国のニューエコノミーについて考えていきたい。

2　時代が求めるイノベーション
～「自主創新」から「大衆創業、万衆創新」へ

１９８０年代から本格化した改革開放路線の初期では、中国では豊富な労働力や土地等の資源を大量に投入して経済成長を続けることが可能であり、イノベーションは政策の飾りのようなものだった。しかし、２０００年代に入ると、安価な労働力やエネルギー・原材料の大量投入で成り立つ成長モデルは限界に達してきた。国際的な知的財産権重視の機運により、安易に海外から技術を導入することも難しくなり、さらには賃金上昇や生産労働人口の減少で生産性の向上が中長期の課題となってきた。このような背景から、中国は06年から始まった第11次五カ年計画において、イノベーションを原動力とする「革新国」作りに着手し、技術の自主開発を目指した「自主創新」戦略に進めた。

2-1　「自主創新」戦略の成果と課題

「自主創新」戦略では、政府が主導して特定の大型国有企業に全国の資源を集中し一つのイノベーションを引き起こすという、中国が得意とする挙国体制型の政策がとられ、一定の成果を収めた。例えば、世界最高速度のスーパーコンピューターや世界一の超高圧送電技術、世界最長の運営距離を誇る高速鉄道技術、第三世代原子力発電所（ＡＰ１０００）などがあげられる。ただ、これらの要素技術は必ずしも中国が独自に開発したものではなく、応用技術の開発を積み重ねていく統合型イノベーションといえる。また、挙国体制型のイノベーションは重厚長大産業に偏りがちで、多くの民生分野や民間企業には革新の波が十分には広がらなかった。

「自主創新」戦略により、中国は10数年にかけて大量の研究開発投資を重ね、人材育成にも力を入れた。その結果、特許の申請・取得といった中間財的なアウトプットは世界のトップレベルに達した（図表４-１）。また、コーネル大学や世界知的所有権機関（ＷＩＰＯ）などが

図表 4-1　国際特許の出願件数と国内の発明特許付与数（2016 年）

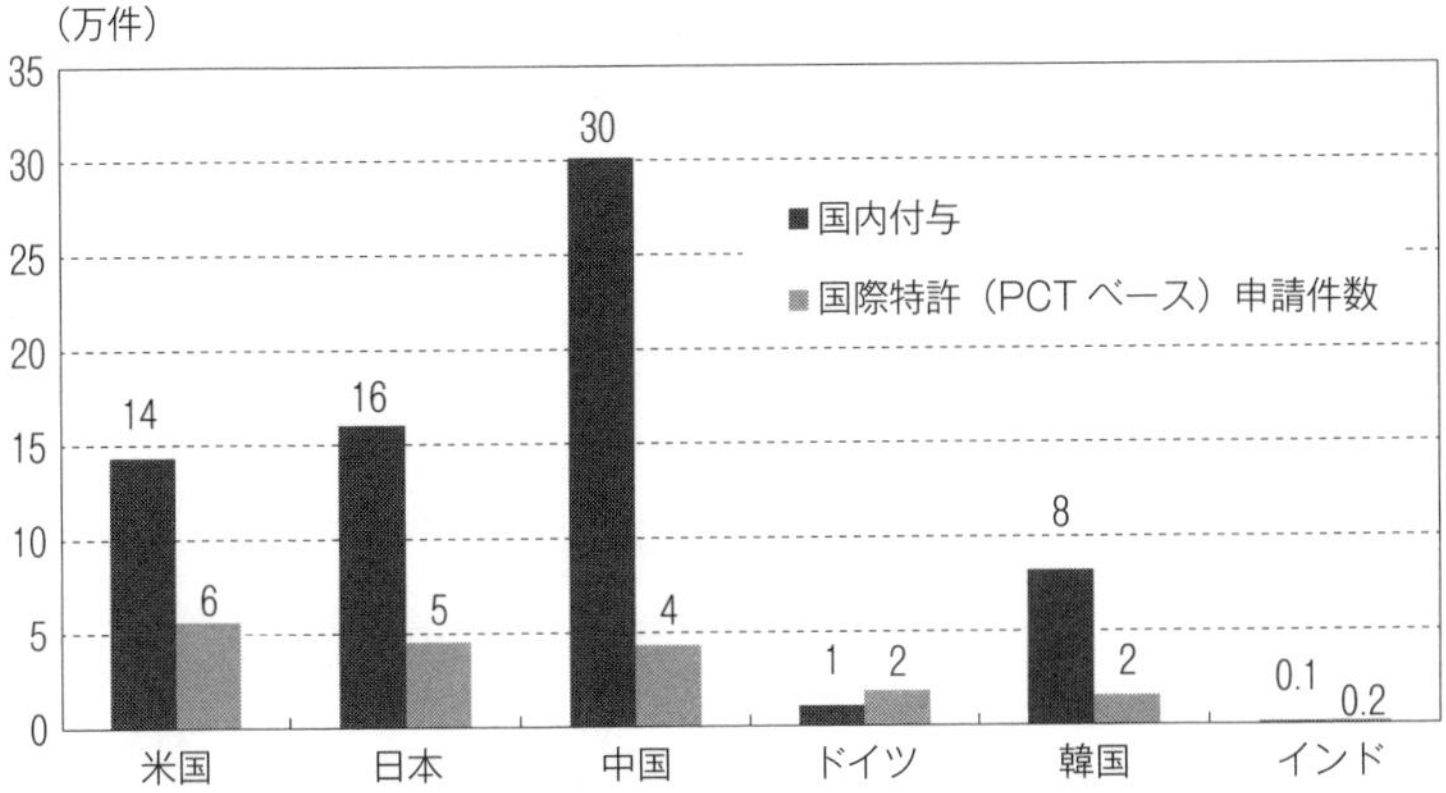

（出所）中国国家統計局、科学技術省、WIPO 等から作成。

共同評価している「グローバル・イノベーション・インデックス」では、中国のイノベーション能力は２０１７年に世界22位にランクインした。中国は日米と比べても知財の数量では引けをとらない段階に入りつつあると言えるが、一方で米調査会社トムソン・ロイターの「トップ１００グローバル・イノベーター」（２０１７）[1]を見ると、米国企業は39社、日本企業は34社に対して、中国は通信機器大手の華為技術（ファーウェイ）１社しか入っていない。これは、中国のイノベーションリソースがいまだに国立の大学や研究所に偏っており、民間企業のイノベーション力はなお低水準にあるためと考えられる。

中国国家知的財産権局の調査によると、２０１５年末までの発明特許の製品化率は大学、研究所、企業がそれぞれ５・１％、14・４％、48・１％となっており、イノベーション活動と実際のビジネス活動には大きなギャップがある[2]。中国のイノベーション活動は、論文や特許等の中間産出に偏っており、取引先や消費者らに選択される最終産出に結びついていないものが多い。

実際、中国は財の生産における基幹部品の多くを日本やドイツ、韓国、台湾など海外からの輸入に依存している。集積回路（ＩＣ）や自動車用自動変速機などがその典型であり、筆者はこの状態を産業の「空芯化」と呼んでいる。

ここ数年、国際的な話題となっている中国人観光客の「爆買い」も、中国の最終産出の弱さを示すものと言える。海外での「爆買い」は購買力の海外流出を意味し、消費主導の経済運営を目指す中国政府にとって、頭の痛い問題である。デジタル時代で生まれ育った現代の消費者は口コミ文化に慣れており、世界中の情報を収集・比較して、より良い製品を買おうとする。このため、設計やデザインが古臭くて、安全や環境への配慮にも欠ける中国企業の製品は自国の消費者の関心を得られなくなってしまった。中国の産業界はこの動きに無頓着ではないが、高度化する消費者の変化のスピードには追い付けていない。賢くなった消費者を取り込めるような、企業サイドの技術力やイノベーション能力の向上が緊喫の課題となっていた。

2-2 「大衆創業、万衆創新」とベンチャーブームの到来

こうした状況の中、中国政府は2014年末ごろから、消費の高度化に対応した新産業・新技術を生み出す新たなイノベーションの環境を形成し、経済成長の新たな原動力とするため、「大衆創業、万衆創新」という政策を打ち出した。15年6月の「大衆創業万衆創新の推進に関する国務院の若干政策措置の意見」、16年5月の「大衆創業万衆創新モデル基地建設に関する実施意見」において、草の根レベルの創業やイノベーションを奨励するため中央政府から地方政府までが企業を支援する具体策を示した。

「大衆創業、万衆創新」政策は経済成長の新たな原動力形成にとどまらず、創業による雇用効果も期待しているのだろうが、究極的な狙いは中国社会にイノベーションの理念や精神を産み付け、起業文化を育むことにある。

中国政府が目指す新たなイノベーションシステムはピラミット型になっている（図表4-2）。従来から政府が主導してきたインフラや基盤産業を対象とするイノベーション・セクター（国有企業や大学、研究機関）をピラミットの頂点として、その下層に位置する量産分野やサービスなどの既存産業

図表４-２　新たなイノベーションシステムの概念図

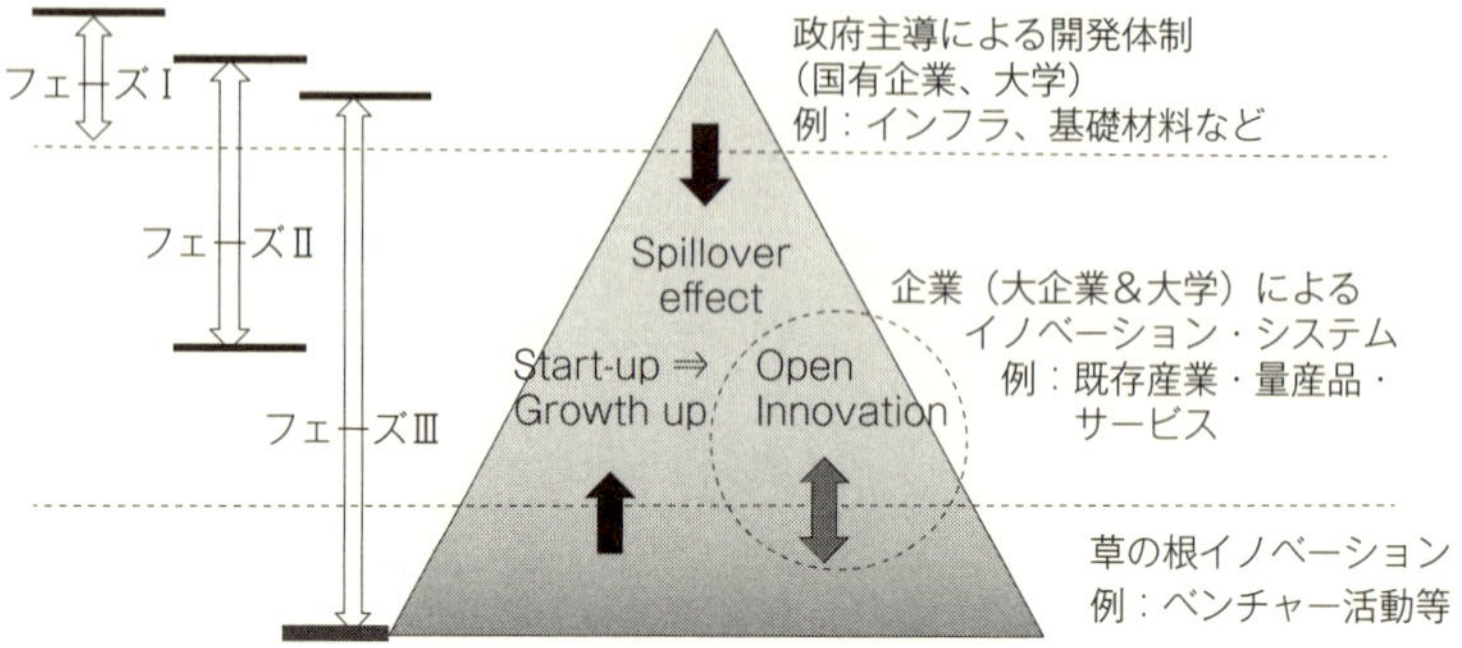

（出所）筆者作成。

のイノベーションは民間の大企業が担う。ピラミットの底辺部分は無数の個人やベンチャー企業による草の根イノベーションが支える構図だ。

イノベーションの先進国である米国の経験からも分かるように、このピラミット型イノベーションシステムがうまく機能するには、頂点の政府系イノベーション・セクターと、中間の大企業、底辺のベンチャー企業・個人の三者間の連携が重要である。実際に中国政府は、イノベーションのリソースが整っている大企業や大学、国立研究所に対して「大衆創業、万衆創新」を支援し、オープン・イノベーションを奨励する政策も合わせて展開し始めている。(3)

大企業と独立系ベンチャーの連携というオープン・イノベーションの推進は、米シリコンバレーの成功経験を参考にした政策とも言える。後述するように、これは中国がニューエコノミーを育成するうえで、大きな優位性となっている。

2-3　起業の障害を取り除くインキュベーション・システム「衆創空間」

「大衆創業、万衆創新」政策を先取りする形で、中国ではすでに規制をかいくぐって市場競争により台頭してきた幾つかの私有企業や民営企業がイノベーションの主役となりつつあった。ファーウェイやそのライバルの中興通訊（ZTE）、建機大手の三一重工、さらに企業名の頭文字から「BAT」と呼ばれるインターネット関連の3強、アリババ集団、百度（バイドゥ）、騰訊控股（テンセント）は、革新的な新興企業として世界的に有名な存在となっている。彼らに続く、活力にあふれた企業を生み出すことが「大衆創業、万衆創新」の目的である。

ムーブメントを引き起こすには様々な課題も克服しなければならない。中国に限ったことではないが、創業した企業はすべて永続するわけではなく、数年後に廃業するケースの方が多い。生存率をいかに高めるかは、乗り越えるべき課題の一つである。

調査会社の麦可思研究院によると、中国の大学生が卒業直後に創業する創業率は2011年の1・6%から15年には3・0%にまで高まったが、創業から3年後の生存率は10年創業は42・2%、12年も47・8%と、いずれも5割に満たない[4]。調査は、失敗の要因の多くは「資金不足」「事業運営の経験欠如」「マーケティングの難しさ」などとしている。

創業企業の生存率、あるいは学生らが効率良く起業できるようにするためには第三者による支援基盤の整備が重要である。数多くのベンチャー企業が成功している米国では、ベンチャーキャピタル（VC）やインキュベーター、アクセラレーターなどのイノベーションシステムが充実している。

中国政府も「草の根」ベンチャーの支援基盤の一つとして、インキュベーション施設、「衆創空

図表4-3　インキュベーター「衆創空間」政策のイメージ

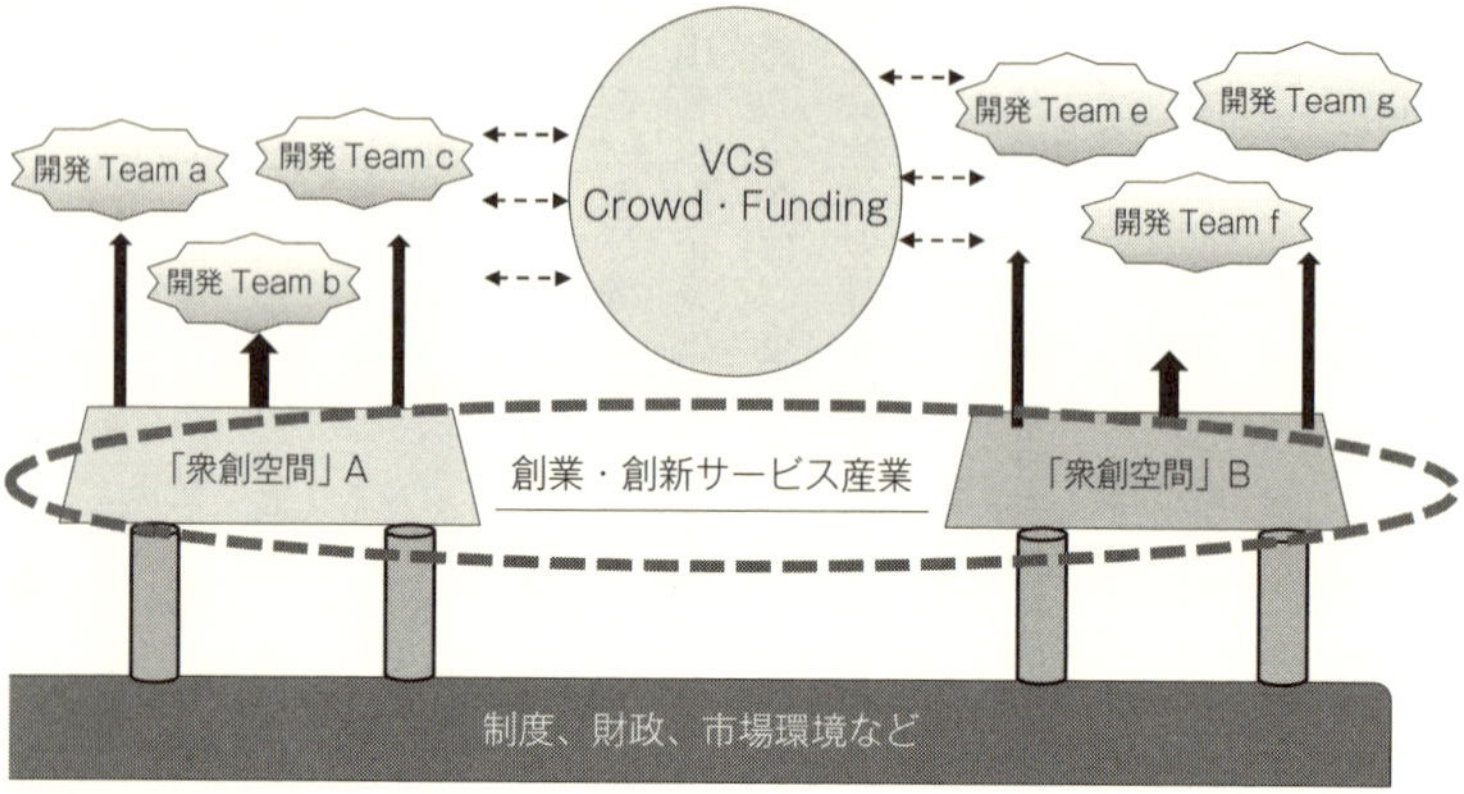

（出所）筆者作成。

間」の構築に取り組んでいる。２０１５年３月公布の『「衆創空間」の発展による大衆創新創業を推進する国務院弁公室の指導意見』、16年2月公布の「『衆創空間』の発展加速による実体経済のリストラ・高度化への寄与に関する指導意見」などによると、「衆創空間」とは「良好なオフィス環境、ネット環境、社交環境とリソースのシェアリング環境を備え、低コスト、便利、全要素、開放な空間であり、創新と創業、オンラインとオフライン、孵化と投資の両立を実現する総合サービス・プラットフォームである」（法的登録した企業法人でもある）と定義される。

これは海外で言う「コ・ワーキングスペース」から「メーカースペース」「ハックスペース」「スタートアップ・アクセレーター」までの機能を含むと思われる。従来、中国ではスタートアップ段階のインキュベーション・システムは充実しておらず、「衆創空間」はベンチャー支援の有力なツールとして期待される（図表４-３）。

「衆創空間」は日本などの在来のインキュベーターのように政府（特に地方政府）が直接設立するのではなく、民間資本が設立して、そこに政府が税制優遇や財政支援を与える仕組みになっている。つまり、中国政府は「衆創空間」をイノベーション関連のサービス産業として育成していくことも狙っているのだ。

政府はさらに①大企業や大学・研究所に「衆創空間」を設立させてオープン・イノベーションを奨励する②電子情報、バイオ、農業、ハイエンド装備、新エネルギー、新材料、省エネ・環境、医療・衛生、文化・クリエティブ産業、現代サービス業などの重点分野で「衆創空間」の活用を推進する③「衆創空間」の国際協力と国際化を進める――ことなども、重点課題としている。

2-4　政府主導の投資ファンドがベンチャーを支える

「衆創空間」だけでなく、中国ではこの2年間で、政府の資金に基づく産業投資ファンドが急増している（図表4-4）。2016年末現在、中央と地方政府による、いわゆる「政府誘導基金」の累積数は1013件、総資金規模は5兆3316億元（約90兆円）に達した[5]。その一部は、ベンチャー活動の資金不足を解消するためエンジェル投資家やVCなどとしての「創業投資ファンド」となっている。政府誘導基金は日本で言う「官民出資ファンド」に当たる。「官民出資ファンド」の代表例である「産業革新機構[6]」よりは民間の出資比率が高く、市場メカニズムによる運営をうたっている[7]。

中国では民間ベースのVC設立や投資ブームも生まれている。国際会計事務所KPMGの調査によると、中国のVC投資額は2015年に欧州全体の金額を抜き、17年は400億ドル（約4兆400

図表4-4　政府誘導基金の設立状況

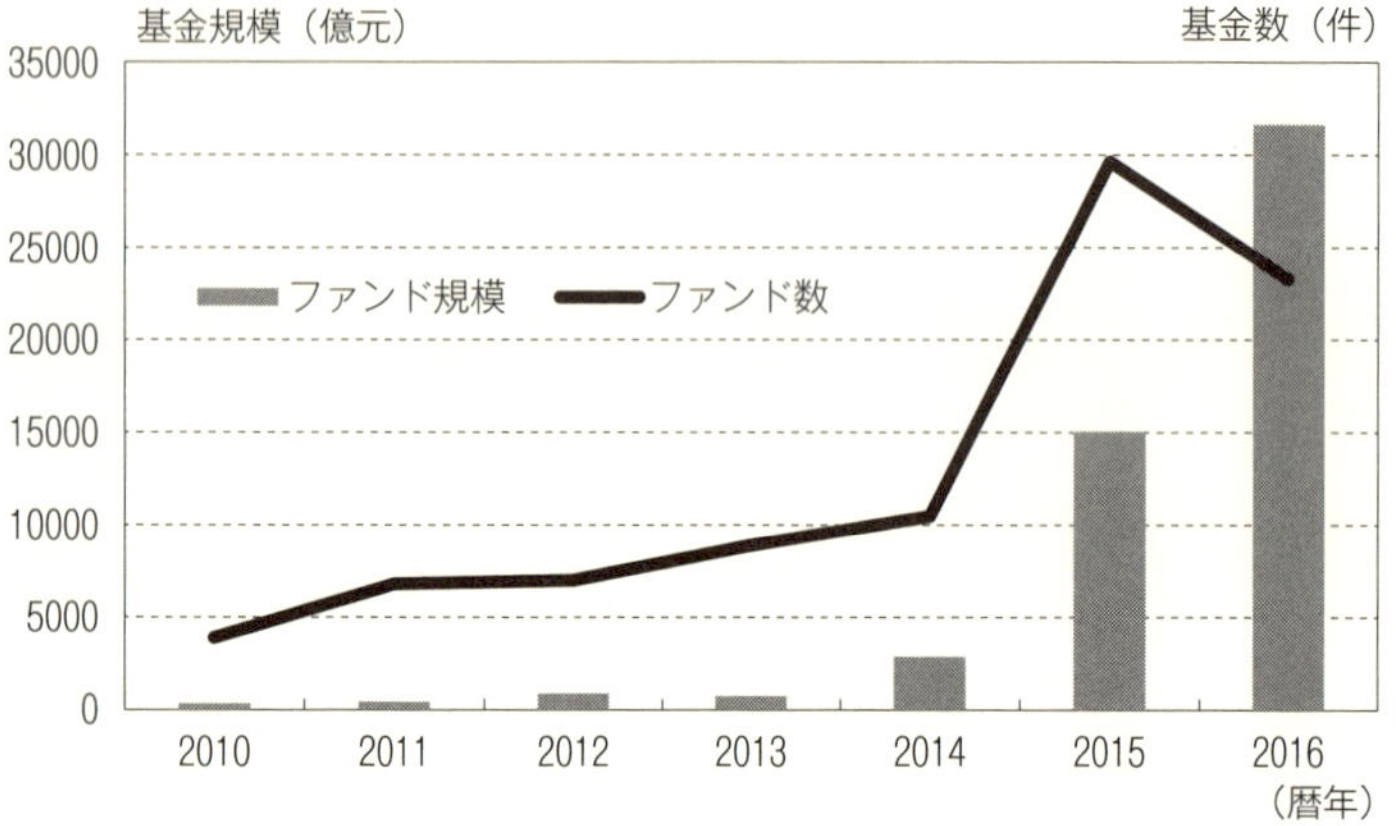

（出所）清科集団、フォーブスより作成。

0億円）と米国の830億ドルに次ぐ規模になったという[8]。

3　急増するユニコーン
～世界的な企業も続々誕生

創業を目指す人と経営ノウハウや技術をもった人が集まったイノベーションチームが「衆創空間」などインキュベーション施設やエンジェル投資家ＶＣを利用して、一人前のベンチャー企業へと成長していく――。シリコンバレーのようなサクセスストーリが、政府の一連の政策もあって、中国で頻繁に出現するようになっている。電子商取引（ＥＣ）を代表とするネット・ビジネスや医療、教育などのサービス市場は、起業ブームで沸いており、日本のメディアでも、アリババなどネット巨人だけでなく、ライドシェア最大手の滴滴出行や世界最大の消費者向けドローン・メーカーのＤＪＩ（大疆無人機）等の企業に関するニュースをよく目にするようになった。ここでは、ブームの実態やベンチャー企業の成長ぶり、特に台頭するユニコーンの状況を見てみよう。

3-1　ベンチャーブームからユニコーン量産へ

中国政府の統計によると、2013年の新規企業登録数は単月ベースで20万8600社だったが、16年は40万1000社、17年は50万6000社まで加速している。[9] 統計データから単純計算すると、中国の開業率（年間新規設立企業／前年末の企業総数）は2013年の18・3%から17年には23・4%にまで高まった。新規設立された企業の中にはイノベーションとは縁遠いものも多いが、日本の開業率（5%前後）は言うまでもなく、米国の開業率（10%前後）をもはるかに超えており、[10] 起業ブームであることは間違いない。

生まれたばかりのベンチャー企業がインキュベーションを通じて成長し、その価値に注目した投資家からの投資を呼び込み、さらに成長する。投資家による評価額が10億ドルに達すると、その企業はメガベンチャーのユニコーンと呼ばれるようになる。

産業の高度化を急ぐ中国政府は、新規産業育成の成果としてユニコーンへのこだわりが強い。彼らの動向を2009年から追跡すると卒業したユニコーンの約60%は株式上場を果たし、各分野においてユニークで中核的な存在となり中国経済を支えているからだ。イノベーション政策の目線はベンチャーだけでなく、ユニコーンの量産へと向かっている。

米国の調査会社CBインサイツによると、2017年末現在、世界全体では223社のユニコーン

図表 4-5　世界の主要国のユニコーンの数

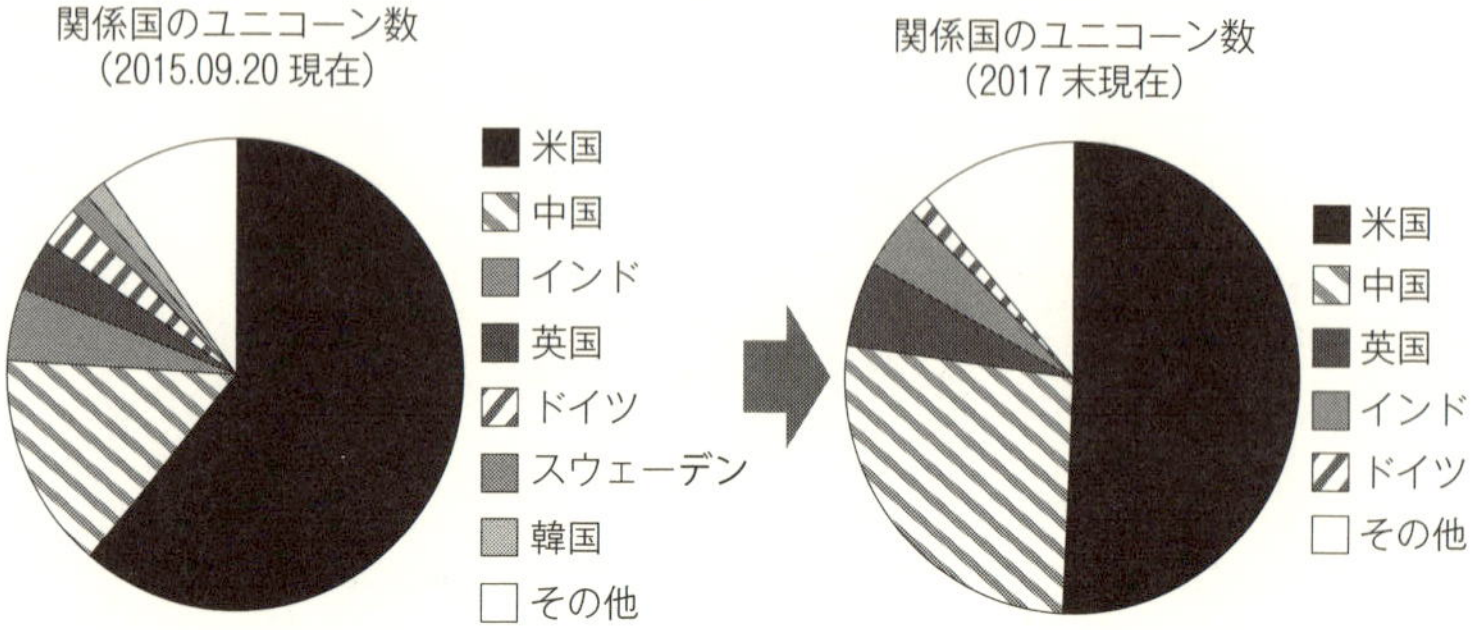

（出所）CB インサイツより作成。

が存在し、うち米国は１１３社で、全体の51%を占める。次に多いのが中国で59社。全体の27%だった（図表4－5）。２０１０年～13年までは年平均で６・５社のユニコーンが生まれたが、14年以降は増加ペースが上昇し、17年までの４年間は毎年、７社、21社、12社、22社が新たに誕生した。米国だけでなく、日本、ドイツ、英国等の先進国や韓国、インドなどと比べても、近年の中国の急増ぶりは突出している[11]。

中国自身も独自に自国のユニコーンを評価している[12]。これによると２０１６年末時点で、中国には１３１社のユニコーンが存在する。中国の独自調査の方がＣＢインサイツの調査より大幅に多いのは、上場企業の関連会社を加えていることや、ＶＣからの資金調達の状況をより細かく把握した等の背景があると考えられる。

３－２　Ｂ２Ｃに強い中国のユニコーン
～柔宇科技などハード分野にも注目企業

中国と米国のユニコーンの数を産業分野別の分布で比較す

ると、ＥＣ、シェアリングエコノミー、デジタル広告、ハードウェア、ソーシャルの5分野については、中国は17社、5社、4社、4社、4社。米国は9社、3社、1社、1社、3社で、中国の方がいずれも多い。一方、インターネットソフトウェア／サービス、フィンテック、ヘルスケア、ビッグデータ、サイバーセキュリティーの5分野では、米国は25社、14社、11社、8社、8社だが、中国は4社、4社、3社、0社、1社といずれも米国に比べて存在感が薄い。

つまり、中国のユニコーンは、Ｂ２Ｃ（企業と個人の取引）やハードウェアの分野では米国と互角と言えるまでに成長しているが、ビッグデータ等のＢ２Ｂ（企業と企業の取引）やインターネット技術・ソフト、医療サービス分野では、まだ十分に企業が育っていないと言える。ただ最近では、中国でも顔認証やコンピューター視覚等のＢ２Ｂ分野で有望なユニコーンが現れている。彼らは今後、自動運転等の世界が注目する分野で存在感を示すようになる可能性が高く、楽しみである。

日本では、中国のユニコーンと言えば、「ＥＣやシェアリングエコノミーを手掛ける企業が多い」というイメージが強いかもしれないが、ハード分野でも有力企業が多い。ＤＪＩやスマートフォン（スマホ）製造・販売大手の小米（シャオミ）は言うまでもなく、新興のスマホ・電子製品メーカー、珠海市魅族科技（メイズ）や超薄型ディスプレーを開発・生産するメーカー、柔宇科技（ロヨル）もユニコーンの仲間入りをしている。

２０１２年に創業したロヨルは、厚さ０・01ミリの超薄型フレキシブルディスプレー（AMOLED）[13]を開発し、一躍、脚光を浴びるようになった。７００以上の特許を保有し、世界中に７００人の従業員を有する。16年11月4日にユニコーンにランクインし、評価額は30億ドルにのぼる。広東省深圳市に生産拠点（年産能力５０００万枚以上）を建設中で、18年２月に量産を開始するという。劉自鴻会長兼ＣＥＯは１９８３年に江西省で生まれ、清華大学と米スタンフォード大学を卒業後、米ＩＢＭのニューヨーク研究所を経て、同社を立ち上げた。

３－３　ユニコーンを卒業し巨大ベンチャーへ

ベンチャー企業が成長したユニコーンはさらなる発展を目指す。ユニコーンを「卒業」した中国企業は19社あり、うち15社は新規株式公開（ＩＰＯ）によるものだった。アリババ集団やテンセント、ネット通販大手の京東集団などはＩＰＯで上場を果たした巨大ベンチャーの典型である。

アリババ集団やテンセントの時価総額は、米国の大手企業に伍して世界のトップ10に入っている（図表４-６）。両社よりもずっと早い時期に起業した楽天の時価総額は、その約40分の１に過ぎない。中国のネット巨人がいかに世界中の投資家に評価されているのか、よく分かる。さらに、最近では京東集団も時価総額上位に食い込んできている。

図表 4-6　米・中・日・独の時価総額上位企業（2018 年 1 月 5 日時点、億ドル）

米国		中国		日本		ドイツ	
アップル	8985	テンセント	5307	トヨタ自動車	1964	SAP	1394
グーグル	7658	アリババ	4893	ソフトバンク	902	シーメンス	1181
アマゾン	5923	バイドゥ	851	NTT ドコモ	895	フォルクスワーゲン	1084
フェイスブック	5430	京東集団	650	ソニー	615	BMW	679
GE	1608	中国移動通信集団	2060	日立製作所	386	BASF	1054
IBM	1504	中国石油天然気集団	964	パナソニック	357	ドイツテレコム	840
GM	625	上海汽車	583	楽天	124		

（出所）筆者調べ。

このため、中国の新興企業の象徴はＢＡＴに京東の頭文字を加えた「ＢＡＴＪ」と称されるようになっている。今後もこの４社の動静に注目していく必要がある。[14]

4　なぜ、中国のベンチャーは有望なのか
〜ネット時代におけるいくつかの優位性

なぜ、中国では近年になって数多くのユニコーンが生まれ、ＢＡＴＪのようなネット巨人が世界中から注目されるようになったのだろうか。その背景には、ネット時代において、中国がいくつかの優位性を持っているためと考えられる。

4-1　巨大な市場、人材も豊富

第１に、市場の優位性があげられる。消費者１人当たりの平均で見た購買力（消費支出額）は日本の３割程度に過ぎないが、人口が多いうえに、情報通信技術の発達により市場が都市部から農村部の隅々にまで広がり、巨大な購買力が形成されるようになった。

また、小さな頃からインターネットやパソコンが身近にある環境で育った「デジタルネイティブ世代」の割合は約40％と欧米に比べて（米国は26％、ＥＵは31％）高く、電子商取引のようなデジタル技術を生かした市場が急成長しやすい。[15] 企業の立場から見れば、購買力の集積効果によってビジネスの収益均衡点を達成しやすい。

第2に、人材の優位性がある。中国はノーベル賞の受賞者が少ないことから分かるように世界のトップレベルは少ないが、中間レベルの人材は非常に豊富である。経済協力開発機構（OECD）の統計によると、2015年時点の理工系の研究者は約162万人。米国の約135万人、日本の66万人を超え、EU全体の約180万人に匹敵する。(16) 4年制の大学の理工系を卒業する学生数は毎年170万人以上で、理工系大学院の修了者（修士・博士）も30万人以上いる。日本は毎年10数万人で、日中間の差は大きい。中国の人材は伝統的な産業においては見劣りするが、ニューエコノミー分野では先進国と比べても、質の面でも仕事に対する意欲の面でも遜色はない。ネットビジネスを中心とするニューエコノミーにおいて、起業家が生まれやすい環境にあると考えられる。

4-2　多様化する資金調達ルート、オープンソースで技術共有

第3に、資金の優位性がある。これまで中国の金融ビジネスは国有の大手商業銀行などが独占し、融資は国有企業向けが優先されがちで、ベンチャー企業等に供給されるリスクマネーは不足してきた。しかし、近年では民間資本の蓄積が進み、銀行融資だけでなく、いわゆるシードファンドやエンジェルファンド、VC、プライベートエクイティ（PE）などの様々な経路を通じて大量の資金が新しい産業に流れ込むようになっている。また、富裕層や起業に成功した経営者には比較的若い年齢層が目立ち、彼らがエンジェルとして、ごく初期段階（シードステージ）の企業への投資に力を入れることも多い。

第4に、ネット時代における技術のオープンソース化やプラットフォーム経営が進んでいる点があ

げられる。日本やドイツ等に比べて中国企業は既存技術の蓄積は浅いが、その分、自らの技術的な財産を守ろうとする意識が低い。むしろ他社と技術や製品・サービス情報を共有して開発コストを低減する、オープンソースの考えを好む。技術だけでなく、先行して成功した企業はシリコンバレーとのネットワークが充実しており、その人脈などはスタートアップや中小企業にとって貴重なツールとなっている。

第5に、中国政府のニューエコノミーに対する支援とともに、「寛容さ」があげられる。政府は外資に対しては厳しく規制してきたが、国内資本に対しては政治的に敏感な一部の分野を除き、過度の規制はせず、その代わりに政策的な支援やインセンティブも与えない「自由放任」の姿勢をとってきた。これまで見て来たように、近年になって、経済成長の新たな原動力としてニューエコノミーの将来性に着目し、政策のプライオリティーを置く方向に転換している。基本的には支援はするが過度な規制はしない、「先放後管」（先に自由放任、後でルール化）、「包容審慎」（寛容で慎重）という方針であり、李克強首相は「包容審慎」の下で「電子商取引、電子決済、シェアバイク（自転車）等は急速な発展を遂げた」と述べている(17)。

5　イノベーション活動の持続可能性

中国では「大衆創業、万衆創新」政策のもとでベンチャーブームが生まれ、一部の企業はユニコーンとなっている。ユニコーンはさらに巨大ベンチャーへと成長し、中国経済の新たな支柱になりつつある。米国経済の強みは、ベンチャーから巨大企業へと発展する流れが絶えないことにあると言われる。中国にとってもイノベーション活動によってベンチャーブームやユニコーンの「量産」を持続できるかどうかが、長期的な経済成長、あるいは「中所得国の罠」を回避するためのカギとなる。政府はそのための様々な支援策を展開しているが、一方では、先行して成功した巨大企業が後進の企業を育て独自の「経済圏」を形成するという、新たな動きも始まっている。

５-１　後進を支援するＢＡＴ　〜エンジェル・ＶＣ、インキュベーターとしての役割も

中国では保有する純資産が10億ドル以上の「億万長者」が急増している（図表４-７）。その中には不動産価格の急騰で資産が拡大した人も含まれるだろうが、ネット関連等のベンチャー事業で成功する若い世代も少なくない。米経済誌フォーブスの分析によると、

図表 4-7　純資産 10 億ドル以上を持つ人の数

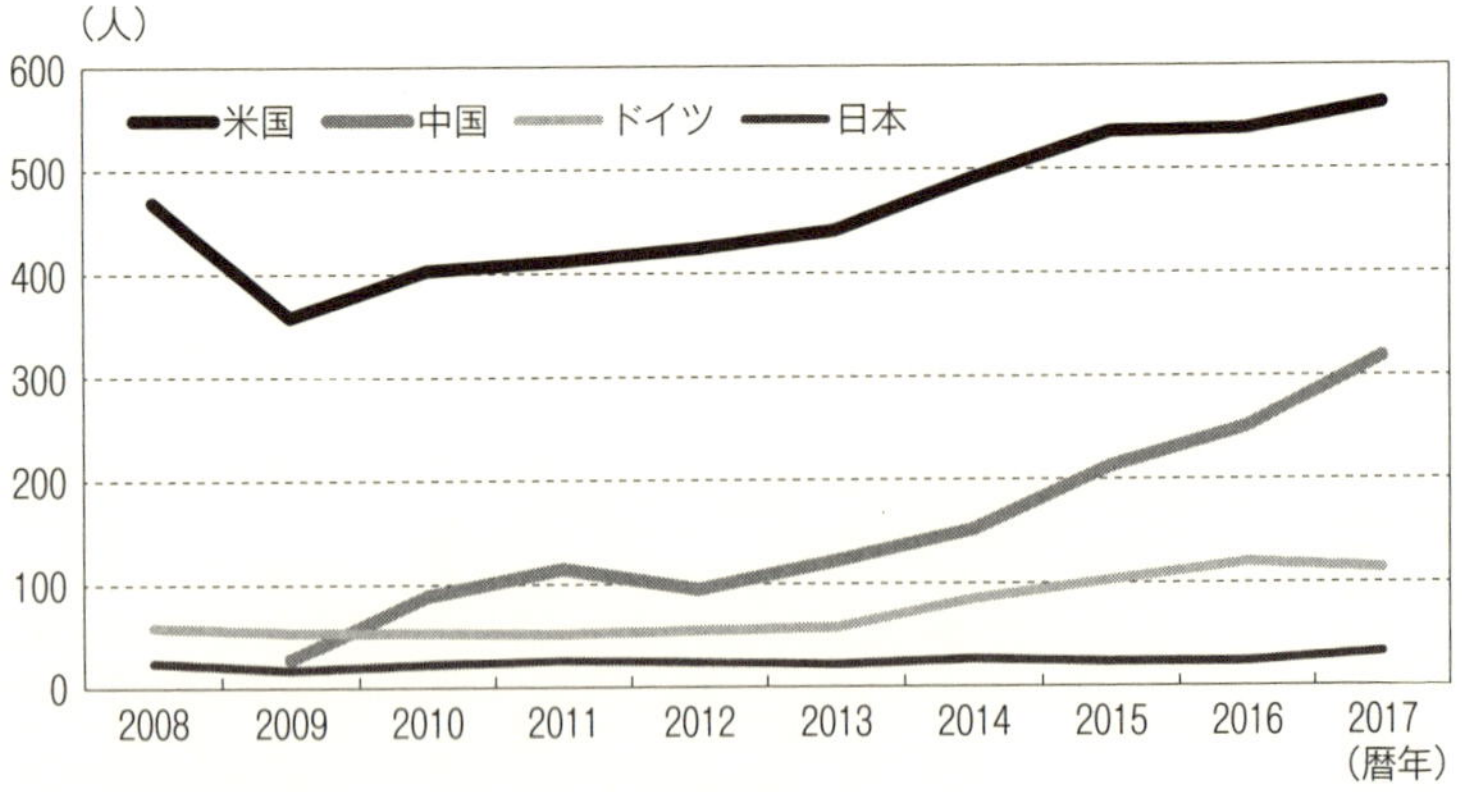

（出所）清科集団、フォーブスなどから作成。

米・中・独・日の4カ国の60才以下の億万長者の比率はそれぞれ83・4％、71・8％、38・6％、15・0％だった。若い億万長者になることは夢を追う若者が事業を起こすためのインセンティブになるうえ、エンジェル投資家としてベンチャー投資を行う可能性が高いとも言われている。[18]

中国では成功した億万長者だけでなく、市場競争を勝ち抜いたメガベンチャーが、自社の経済圏やエコシステム（生態系）を広げるため、後進企業への投資や育成に力を入れている。企業の社会的責任（ＣＳＲ）として、「衆創空間」の設置など、政府の「大衆創業、万衆創新」政策をサポートするケースも少なくない。その典型がアリババ集団などのＢＡＴである。

米コンサルティング大手マッキンゼー・アンド・カンパニーの調査によると、中国国内のベンチャー投資に占めるＢＡＴの投資比率は、２０１３年の約10％（2億３０００万ドル）から16年には42％（１３０億ドル）にまで上昇した。米国のＦＡＮＧ（フェイスブック、アマゾン・ドット・コム、ネットフリックス、グーグル）の比率は２０１３年が４％、16年も５％にとどまる。[19]

ＢＡＴは資金提供に加えて、数多くの創業人材も輩出している。中国のベンチャー企業トップ50の14％はＢＡＴの出身者が設立したものである。

さらに重要なのは、支援先のベンチャー企業からサプライヤー、顧客をはじめとする一般社会にまで、イノベーションの基盤インフラ、あるいはプラットフォームを提供し、非常に広範なイノベーション・コミュニティーを形成しようとしている点にある。アリババ集団は自社のビジネス向けに開発したオンライン決済ツールや信用評価システム、ビッグデータ・クラウド技術などを第三者に開発インフラとして提供している。「雲栖小鎮」や「創新牧場」等と名付けた「衆創空間」も設置し、イノベーションの支援も強化している。[20]

テンセントも2011年6月にSDK（開発者用キット）の無償提供など技術のオープン化を宣言したのに続き、2015年には「双百計画」を発表。3年間で100億元のリソースを投入し、評価額1億元を超えるベンチャー企業100社を育成するとした。[21] 実際に3年間で100社のベンチャー企業に投資し、評価額を約600億元にした実績をあげたことから、人工知能（AI）ベンチャーなどを対象にした新たな「百億計画」をスタートしたという。[22]

後進のベンチャー支援に力を入れるのはBATだけではない。ファーウェイは2015年10月に「Development Enabler Plan」を発表。オープン・イノベーションを行うプラットフォームを構築したり、3年間で1万人のクラウド技術者を育成したり、社外を含む開発者の育成支援に5年間で10億ドル規模の投資を行うなどと宣言した。[23] 計画には、イノベーションファンドの設立や実験設備、テストツールの提供も含まれている。計画実施から1年でファーウェイへの登録開発者は2000人から2万5000人に増加。20年には100万人を目指すという。[24]

5-2　ユニコーンを育成し、独自の経済圏形成

BATなどの巨大企業は後進の企業に対する様々な支援を通じて、いわばプラットフォーム企業になりつつある。ベンチャー企業を自らが形成する「経済圏」の構成員として育成し、ビジネスを拡大している。支援する企業がIPOによって株式上場すれば、キャピタルゲインを享受することもできる。

図表4-8　BATJ等支援の中国ユニコーン

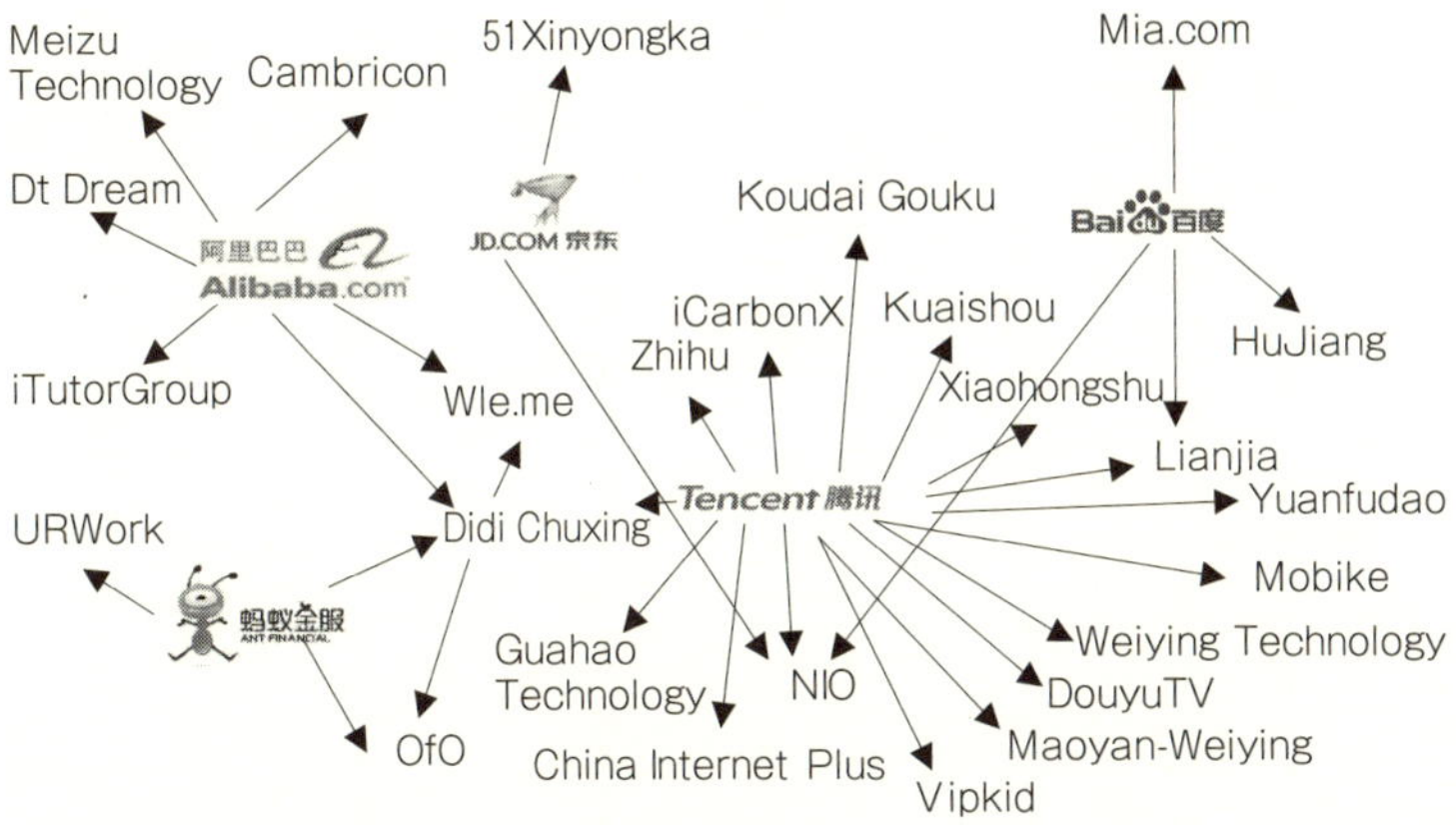

（出所）CBインサイツのデータを参考に筆者作成。

ベンチャー育成のタイプは「分離独立型」と「戦略出資型」に分けられる。分離独立型は母体となる巨大企業が一部の部門を切り離し、育成するもので、例えば、アリババ集団は分離独立型のユニコーンが7社（アント・フィナンシャル、アリババ影業集団、アリババ・クラウドサービス、口碑など）ある。[25] アリババ以外でも、プラットフォーム企業に同様の形で育成されているユニコーンは31社あり、ユニコーン全体の24％を占める。分離独立型のユニコーンはプラットフォーム企業が有する資金力や経営リソースの調達力、システムマネジメント能力を活用することが可能で成長するペースも早い。

戦略出資型はプラットフォーム企業が自社と直接関係の無い企業に出資するタイプ。中国の科学技術省などの調査では、２０１６年時点でアリババは14社、テンセントは16社、バイドゥは6社、小米は5社、京東集団も5社のユニコーンにそれぞれ出資して、自社の経済圏を構築しようとしている。[26] ＩＴ業界の投資市場データの収集分析をしている中国の地場ベンダーによると、17年にテンセント、アリババ、小米はそれぞれ8社、7社、3社の新規ユニコーンを「捕獲」（戦略出資の意味）したという[27]。

図表4-8はCBインサイツのデータをもとに、2017年末現在、BATに京東集団を加えたBATJが戦略出資しているユニコーンを列挙している。このほか、アリババ系のアント・フィナンシャルや滴滴出行など有力ユニコーンも別のユニコーンに出資し、自社のエコシステムを形成しようとしている。

6　循環するイノベーション活動～中国の挑戦と日本への示唆

筆者はここ数年間、中国のベンチャー企業や「衆創空間」、さらには海外にある中国系インキュベーターを数多く訪問してきた。そこではミニプロジェクターや卓上ロボット、自走式ロボット、スマートオーブン、ドローン、VR／AR／MR（仮想現実／拡張現実／複合現実）などユニークで画期的な技術や製品が開発され、イノベーション活動の大衆化が進んでいることを実感した。

中国のイノベーション活動はいまだ試行錯誤の段階にあるが、そこで働く人材は質も量も、さらにはハングリー精神の強さもシリコンバレーに負けないレベルにあり、情熱あふれる若者たちが新たな成長の源泉を生み出そうと必死で働いている。彼らの草の根イノベーションは失敗も多いが、これまで見てきたように、一部は成功してメガベンチャー、ユニコーンへと発展している。BATのような巨大ベンチャーは新規ベンチャーや創業者を引き付ける魅力的な存在であり、草の根イノベーション

図表 4-9　中国のイノベーション主導の循環モデル

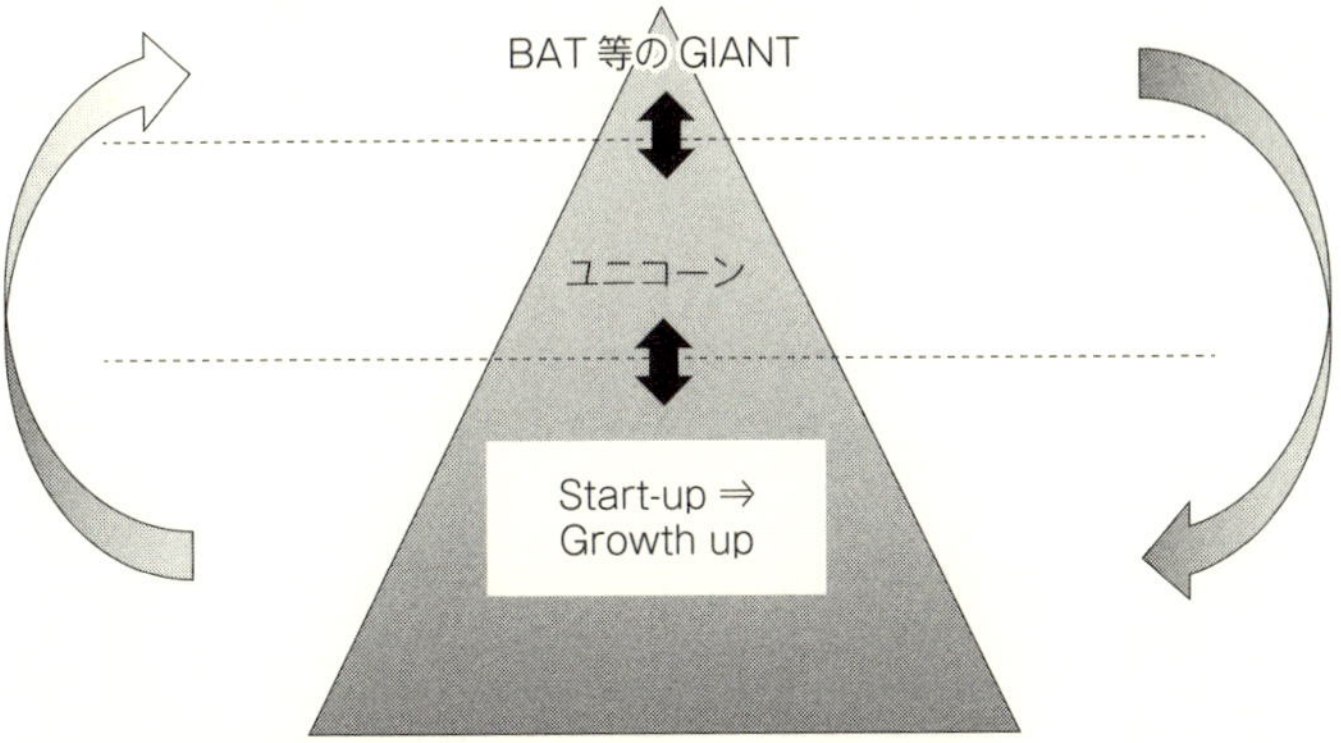

（出所）筆者作成。

のムーブメントを支援する社会的インフラとしても機能し、新たなユニコーンを育成しながら自社の経済圏を広げている。

こうした動きを整理・分析すると、中国におけるイノベーションを原動力とした新しい経済発展の図式は、循環的で自己完結的な成長メカニズムであることが分かる（図表4-9）。

中国がニューエコノミーのいくつかの分野で米国と並んで世界の先頭に立つようになった背景として、いくつかの優位性を説明した。そうした優位性のもと、中国のニューエコノミーはさらに自己完結的な成長メカニズムを構築し、長期的に安定した発展を続けようとしている。

重厚長大に代表される中国の在来産業は革新力を欠いている。中国のニューエコノミーの成長力が在来産業と融合し、中国の産業界全体の収益性や革新力を底上げできるかどうか。自動運転に代表される自動車メーカーとＩＴ企業の連携はその一つの例であり、実際に実験も進んでいるが、成果を見るには、まだ時間がかかりそうだ。

ニューエコノミーの分野に政府や共産党が関与しすぎているのではないか、という懸念もある。海外の情報へのアクセスが過度に規制されており、イノベーションの活力が損なわれる可能性もある。中国がイノベーション主導の経済成長への転換できるかどうかは、これらの課題を乗り越えていく必要があろう。

構造転換を図ろうとする中国の挑戦は、日本経済にとっても示唆に富んでいる。日本は潜在成長率の向上をするため、様々な施策を試みている。中国が描くニューエコノミー主導の成長パターンをそのまま適用することは難しいが、学ぶ点は少なくないはずだ。リスクを恐れて低成長の現状に甘んずることなく、ニューエコノミーにおける中国の実践を研究し、新たな発展モデルの構築に挑戦するべきではないか。

【注】

（1）特許の取得数、特許取得の成功率、特許ポートフォリオの世界での影響力などをもとに評価し、革新的な発明を生んだ世界の100社を選んでいる。

（2）国家知識産権局（2017）「2016年中国専利調査データ報告」。

（3）国務院（2017）「創新駆動発展戦略実施の強化と大衆創業、万衆創新のさらなる推進に関する意見」を参照。http://www.most.gov.cn/mostinfo/xinxifenlei/fgzc/gfxwj/gfxwj2017/201707/t20170728_134303.htm

（4）http://www.pishu.cn/zxzx/xwdt/376921.shtml

（5）清科観察（2017）「政府出資産業投資基金管理弁法」解読。「政府誘導資金」に出資している主体は政府のほか、民間企業、金融機関、外資系企業・ファンドなど。

（6）日本の「産業革新機構」の資金規模（最大投資可能資金）は2兆円に上るが、資本金3000億1000万円のうち95％は財政支出である。

（7）筆者のヒアリングでは、20％～30％のものが多い。

（８）KPMG “Venture Pulse Q4 2017”.
（９）２０１７年のデータは、中国工商総局就２０１７年市場環境形勢情勢新聞発表会（２０１８・１・18）による。
（10）ベンチャー企業の詳細分析は本報告書の第５章に譲る。
（11）世界のユニコーンの最新状況は https://www.cbinsights.com/research-unicorn-companies を参照。
（12）ユニコーンの条件は①中国国内で登録している企業②２００６年以降設立③ＶＣの投資を受けたことがあり、未上場④市場評価額が10億ドルを超えている——の４点。科学技術省火炬中心／長城戦略諮問「２０１６中国独角獣（ユニコーン）企業発展報告」（２０１７・03）。
（13）AMOLED（Active Matrics Organic Light Emitting Diode）は、有機発光ダイオードを利用した有機ＥＬディスプレーのうち、画素ごとに点灯・消灯および輝度の調節を行うアクティブマトリックス方式を採用したもの。
（14）https://www.cbinsights.com/research/asian-unicorns-baidu-alibaba-tencent-jd-investors/
（15）Mckinsey Global Institute（2017）“Digital China: powering the Economy to Global Competitiveness”.
（16）OECD（2016）“Main Science and Technology Indicators”, Vol.2016/2.
（17）２０１７年夏季ダボスフォーラムの開幕式における李克強首相の演説。http://www.gov.cn/xinwen/2017-06/28/content_5206164.htm
（18）https://www.forbes.com/sites/kerryadolan/2017/03/20/forbes-2017-billionaires-list-meet-the-richest-people-on-the-planet/#64336e7c62ff
（19）Mckinsey Global Institute（2017）
（20）大企業〝双創〟—歴史的啓示、当下的需要 http://finance.qq.com/original/caijingzhiku/zglhrhfwlm.html
（21）https://www.leiphone.com/news/201501/Dszd29pQN1BktLlq.html
（22）http://news.cnstock.com/news,bwkx-201711-4149598.htm
（23）http://www.huawei.com/cn/news/2015/10/huaweikaifazhedahui
（24）http://cloud.51cto.com/art/201609/517036.htm
（25）「２０１６中国独角獣（ユニコーン）企業発展報告」。
（26）「２０１６中国独角獣（ユニコーン）企業発展報告」。
（27）ＩＴ桔子「２０１７年独角獣〝捕獲者〟ランキング」https://www.huxiu.com/article/227366.html

【参考文献】


国家知識産権局（２０１７）「２０１６年中国専利調査データ報告」。

清科観察（２０１６）「政府出資産業投資基金管理弁法」解読。

清科観察（２０１７）「２０１６政府引導基金報告」。

中国両化融合服務連盟（２０１７）〝大企業〝双創〟歴史的啓示、当下的需要〟。

KPMG (2017) "Venture Pulse Q4 2016".

科学技術省火炬中心／長城戦略諮問（２０１７）「２０１６中国独角獣企業（ユニコーン）発展報告」。

Mckinsey Global Institute (2017) "Digital China: powering the Economy to Global Competitiveness".

OECD (2016) "Main Science and Technology Indicators", Vol.2016/2.

▶ 第5章

台頭するイノベーション都市

——深圳発の起業ラッシュ、各地に拡大

日本貿易振興機構アジア経済研究所 副主任研究員
丁　可

☞ Point

➢ 中国では今、起業とイノベーション（革新）が大きなブームとなっている。広東省深圳市や北京、上海、浙江省杭州市といった大都市では、電子商取引やフィンテック、スマートデバイス、人工知能などの分野を中心に新興企業が次々と台頭し、イノベーション活動を活発に行う集積地へと変容しつつある。

➢ 深圳市に象徴されるイノベーション都市の台頭は「地方政府」「ベンチャーキャピタル」「メーカースペース」という３つの担い手のインタラクション（交流）によって実現した。厳しく選別されたスタートアップは、これら３者からの手厚い支援を受けながら、短期間で巨額の資金や各種の経営資源を調達し、急成長を遂げている。

➢ 中国における新興企業やイノベーション都市の台頭は、日本企業にも大きなチャンスをもたらす。キーコンポーネントのサプライヤーとして、プラットフォームベンダーとして、あるいは投資家として、様々な形で恩恵を受けることが可能である。

注目データ

深圳市で加速する起業とイノベーション活動

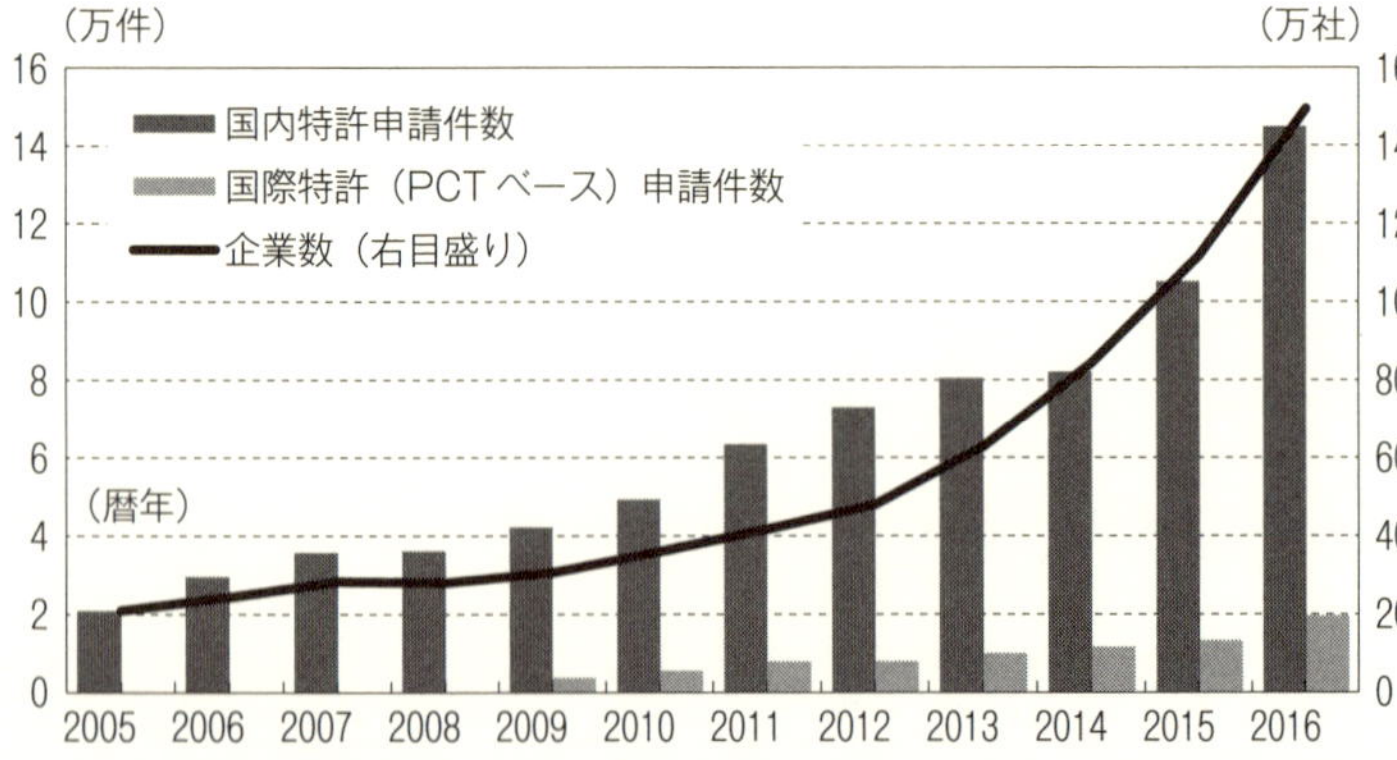

（出所）『深圳市統計年鑑』、『深圳市知識産権発展状況白皮書』、各種インターネット情報。

1　起業とイノベーション・ブームの到来

中国は今、起業とイノベーション（革新）のブームに沸いている。2014年から16年までの3年間で、全国の年間新規登録企業数は365万社から553万社へと急増した[(1)]。スタートアップ企業の中からは「ユニコーン」と呼ばれる、未上場だが企業価値が10億ドル（約1100億円）を超える有力企業が相次ぎ誕生し、彼らは電子商取引やフィンテック、スマートデバイス、人工知能（AI）などのニューエコノミーにおいて世界的に高い競争力を持つようになっている。アリババ集団、百度（バイドゥ）、騰訊控股（テンセント）といった中国を代表するインターネット企業はその先例であり、スタートアップから20年も経たないうちに急成長を遂げた。起業を通じたイノベーションが盛んに起きている、という意味では、中国はすでに米国に次ぐイノベーション大国になっている、といっても過言ではない。

シリコンバレーに代表されるように、イノベーション活動は特定の地域に集積する傾向が強く、中国でも主にいくつかの主要都市において集中的に行われている。本章では、まず台頭するイノベーション都市を概観しながら、人口1万人当たりの民間企業数と特許申請数で全国トップの水準にある広東省深圳市の事例を主に取り上げる。次に、深圳市における地方政府、ベンチャーキャピタル（VC）、メーカースペースという3つの担い手からなるイノベーション創出の仕組みを解明する。最後に、活発なイノベーションが中国の地域経済や日本企業にどのような影響を与えるのかを考えてみたい。

2　イノベーション都市、深圳市の概要

2-1エレクトロニクス産業の集積地としての深圳

深圳市は中国の一線都市の中で起業とイノベーション活動が最も盛んな都市である。人口1万人当たりの民間企業数、国内特許申請数は全国でトップレベルにある（図表5-1）。

深圳市は元々、エレクトロニクス産業の集積地として知られていた。1980年代から数多くの外資系企業が進出し、ブラウン管テレビを始め、音声玩具やゲーム機、ポケットベルなどを生産、輸出した。外資と取引する地場企業も台頭し始め、90年代にかけて世界最大のエレクトロニクス産業の生産基地へと成長していった。今日に至るまで、深圳は主力製品を絶えず進化させ、常に主要な消費者向け電子製品の大半を手がけてきた（図表5-2）。

深圳市における電子製品の発展のパターンとして、製品が普及する初期段階ではおびただしい数の新規参入者が現れて、生産量が急速に伸びていく。一定程度、製品が普及すると企業数が急速に減

図表5-1　2015年の主要都市における起業とイノベーションの比較

	常駐人口（万人）	民間企業数	1万人当たりの企業数	国内特許申請件数	1万人当たり申請件数
北京	2170	1037789	478	156312	72
上海	2415	1338200	554	100006	41
杭州	901	334732	371	60981	68
深圳	1138	1120000	984	105501	93
全国	137462	21993920	160	2639446	19

（出所）各市統計年鑑、中国知識産権局ホームページ、その他インターネット情報。

図表5-2　深圳市におけるエレクトロニクス産業の主力製品の変遷

時期	主力製品
1980～1990年代	ブラウン管テレビ、電子時計、音声玩具、オルガン、ゲーム機、電話機、VCDプレーヤー、ポケットベル
2000年代	DVDプレーヤー、セットアップ・ボックス、デジタルフォトフレーム、薄型テレビ、PDA、ネットブック、タブレットPC、USBメモリー、MP3プレーヤー、フィーチャーフォン
2010～2014年	家庭用医療機器、カーナビ、スマートフォン
2015年以降	ウェアラブル、ドローン、ロボット、VR/AR、IoT

（出所）筆者作成。

り、最後に少数の大企業が市場を寡占する状況が生まれる。携帯電話の事例についてみると、フィーチャーフォン（従来型携帯電話）が中国で一般的に利用され始めた頃、深圳では実に2000社にのぼる「山寨企業」とよばれる中小零細のメーカーが活動していたとされる。技術的な難易度が高いスマートフォンの時代に入ると、その数は一気に10分の1以下にまで減少した。最終的に生き残った華為技術（ファーウェイ）やOPPO（オッポ、広東欧珀移動通信）、vivo（ビボ、維沃移動通信）、中興通訊（ZTE）などの大手企業は、サムスン電子やアップルのシェアを奪いながら、世界の携帯電話市場の主力プレーヤーとなった。

深圳市において数多くの中小企業が新しい業種にスムーズに参入できたのは、2つの要素が働いていたためである。

まず、深圳におけるサポーティングインダストリーの厚い基盤を指摘できる。30年以上にわたるエレクトロニクス産業の発展プロセスにおいて、深圳は世界で最も完備されたサプライチェーンを形成してきた。深圳市の中心部から車で2時間ほどの範囲で、電子製品の設計から試作、生産、加工、販売、物流までに関連する、ほとんどの業者が立地している。エレクトロニクス製品はモジュール化と標準化の水準が高いため、従来の業種で蓄積したサプライヤーの資源は、そのまま新規業種への転用が可能であった。また、市の中心部には「華強北市場」という巨大な電子部品と完成品の卸売市場が開設されている。そこに行けば、地元で作られていない部品もほとんどが手に入る。こうした深圳ならではの利便性が企業の成長を後押ししたのである。

中小企業の大量参入を可能にした、もう1つの要素は、経営者に根付いているオープンイノベーションの考え方である。深圳市のエレクトロニクス業界では、金型や部品を装着したプリント基板（ＰＣＢＡ）など、電子製品のキーコンポーネントを不特定多数の企業向けに販売する商慣習がある。前者は「公模」（共有される金型）、後者は「公板」（共有されるＰＣＢＡ）と呼ばれている。業界の知識や情報も同業者の間で活発に交換されている。最近の深圳の携帯電話メーカーを対象にした研究によると、「同業者」は製品開発や技術的難題を解決するための最も重要な情報源の一つとなっており、企業規模が小さければ小さいほど、この傾向が強い、と報告されている。(2)

これら2つの要素から、技術力が乏しい中小企業でも、深圳市に立地すれば起業に必要なキーコンポートや技術情報などを容易に入手できるし、実際に今日の深圳における「メーカー」（創客）運動として開花している。

ソフトウェアの世界でハッカーが存在することにちなんで、ハードウェアの世界では、オープンイノベーションを通じて「ウェアラブル」「ドローン」「ロボット」「ＶＲ／ＡＲ（仮想現実／拡張現実）」などスマートデバイスの開発に取り組む人々を「メーカー」と称する。深圳市では２０１５年以降、メーカー運動が一気に盛り上がった。16年末時点で、市内全体で10～20万人のメーカーが活躍

しており、うち8000～1万人がメーカースペースに入居している。(3)

さらに、その中からは世界最大の消費者向けドローン・メーカー、DJI（大疆無人機）やサービス用ロボットの中国最大手、UBTECH（優必選）などユニコーンが続出している。また最近ではサプライチェーンの便利さに着目し、米国をはじめ世界中のメーカーたちも進出するようになり、今や深圳市は「ハードウェアのシリコンバレー」として注目されるようになっている。

2-2　イノベーションの集積地へ構造転換
～Orbbec、Sensetimeなど最先端企業が登場

深圳市は近年のハイテクスタートアップの台頭に伴って、イノベーション活動も活発になっている。深圳における企業数、国内特許および国際特許（PCTベース）の申請件数は2000年代から増加を続けており、とくに直近の3年間ではその勢いが加速している（図表5-3）。なかでも国際特許（PCTベース）の累計申請件数は16年までに6万9347件に達し、東京都に次ぎ世界第2位となった。中国全体の申請件数に占める割合は46・6％にのぼり、13年連続で主要都市の中でトップ水準を維持している。(4)企業別に見ても、中国の国際特許申請が多い上位10社のうち7社は深圳かその周辺地域に立地している。深圳を代表するZTEやファーウェイは中国国内のみならず、世界でも1位と2位（16年）を占めている。(5)

近年、深圳市で出現したユニコーンをみても、高い技術力を有するハイテクスタートアップが目立っている。例えば、2012年に発足した柔宇科技（ロヨル）は14年に世界で最も薄い0・01ミリ

再掲・図表 5-3　深圳市で加速する起業とイノベーション活動

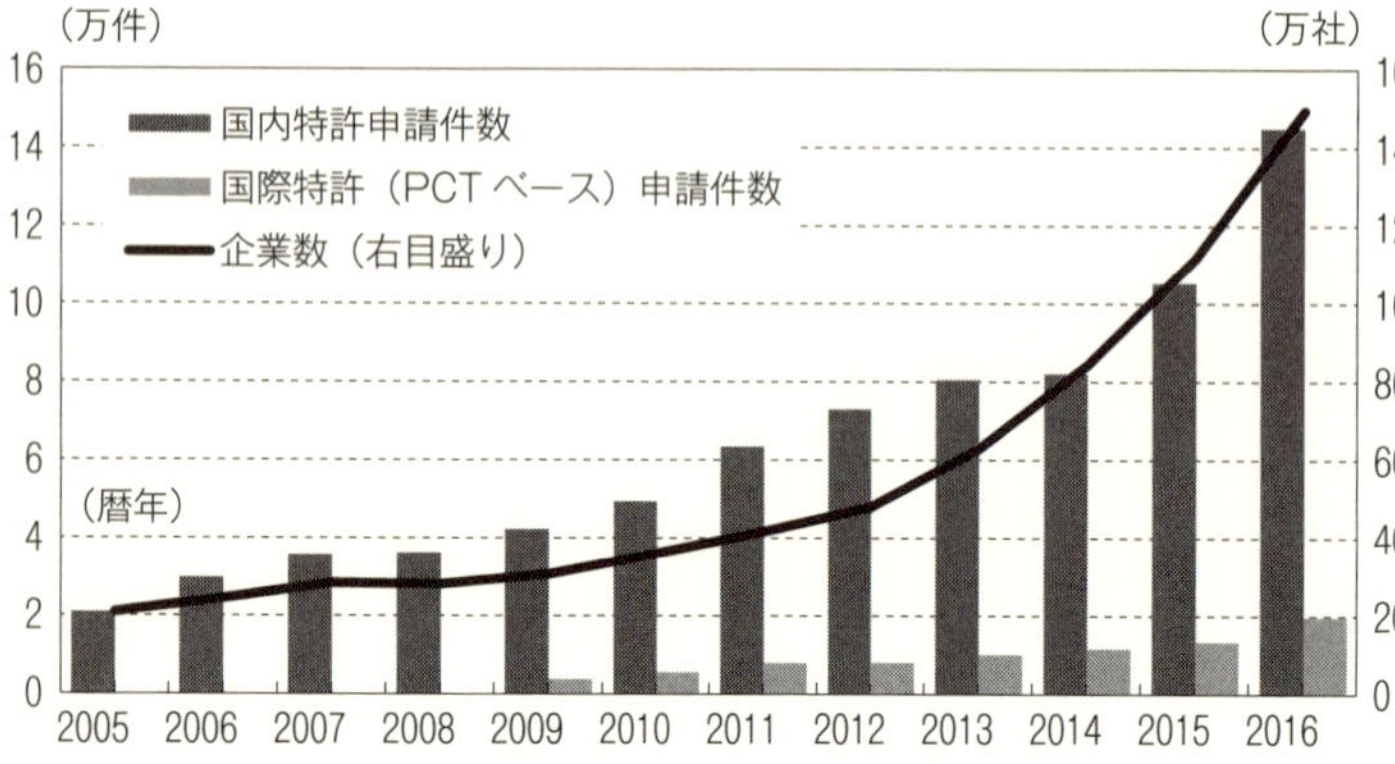

（出所）『深圳市統計年鑑』、『深圳市知識産権発展状況白皮書』、各種インターネット情報。

の超薄型フレキシブルディスプレー（AMOLED）及びフレキシブルセンサーの開発に成功した。13年に設立された Orbbec（奥比中光）は米アップルやマイクロソフト、インテルと肩を並べる3Dカメラセンサーの世界的なメーカーだ。同社はホームページで、その技術がすでにアップルやマイクロソフトを凌いだとさえ宣伝している。

2014年創設の Sensetime（商湯科技）は、ディープラーニングを用いた画像認識、特に移動体を認識するAI技術で世界的に高い評価を得ている。17年12月にはホンダの研究開発子会社、本田技術研究所と自動運転用AIについて共同開発を始めるなど、日本でも注目度が高い。同社はもともと北京市に本社を設立したが、深圳市にはあらゆるモノがネットにつながる「IoT」技術を応用するスタートアップが多く存在していることから、グローバル本社を深圳に設けた(6)。

これら3社の事例からも分かるように、最近の深圳市におけるイノベーションの焦点は純粋なハードウェアから、ハードウェアとソフトウェアが結合する分野にシフトしつつある。ロヨルやOrbbecはビッグデータを創出するセンサーや素材の開発に特化しており、Sensetimeはデータの解析にフォーカスしている。いずれもＩｏＴ時代における人間工学に基づく、人と機器との「マンマシン・インターフェース」の最先端に立つ企業と言える。

3　全国に広がるイノベーション都市の波

中国における起業とイノベーション活動の潮流は、深圳市だけでなく、北京市や上海、杭州市など全国に広がっている。ここでは、各地の状況を見てみよう。

3－1　大学発ベンチャーが多い北京

北京市は中国の首都として、北京大学、清華大学のような超一流大学や中国科学院のようなトップレベルの研究機関が揃っている。[7] このため、大学発のベンチャー企業の数が多く、産学連携を通じたイノベーションも盛んだ。２０１６年末時点で市内では29カ所の大学サイエンスパークが創設されている。大学や研究機関が集積する中関村ではニューエコノミー関連の企業による売上高が前年比39・8％増の１・６兆元（約２７０兆円）に達したという。

金融機関が最も集積する都市として、ベンチャー投資も非常に発達している。２０１６年のベンチャー投資額は前年比70・２％増の２４９３億４０００万元となった。中国全土で１３１社（16年）

図表5-4　中国の主要都市におけるユニコーンの展開状況

都市	ユニコーン企業の数	業種別分布
北京	65	EC：13、エンターテインメント：10、フィンテック：8、ライドシェア：8、クラウドサービス：3、企業サービス：3、オンライン教育：3、ニューメディア：2、AI：3、物流：2、スマートハードウェア：2、ヘルスケア：2、ビッグデータ：2、ソフトウェアアプリケーション：1、観光：1、インターネットセキュリティ：1、SNS：1
上海	26	EC：6、フィンテック：4、ライドシェア：3、物流：3、ヘルスケア：3、不動産：2、ソフトウェアアプリケーション：2、エンターテインメント：1、ニューメディア：1、オンライン教育：1
杭州	12	EC：6、フィンテック：3、クラウドサービス：1、企業サービス：1、ヘルスケア:1
深圳	12	スマートハードウェア：2、フィンテック：2、物流：1、クラウドサービス：1、エンターテインメント：1、EC：1、不動産：1、SNS：1、AI：1、ヘルスケア：1

（出所）中国科学技術省などの「2016中国独角獣（ユニコーン）企業発展報告」から作成、数字は社数。

のユニコーンが育っているが、そのうち65社は北京市で起業し、すべてが中関村に立地している。これらの企業は電子商取引（EC）からフィンテック、スマートハードウェア、ヘルスケアに至るまで、ニューエコノミーのあらゆる分野に分布する（図表5－4）。中国のライドシェア最大手、滴滴出行やスマートフォン（スマホ）製造・販売大手の小米（シャオミ）は日本でもよく知られるユニコーンだろう。

3－2　ネット産業が際立つ上海、杭州はECの都

イノベーション都市として上海市が最も際立っている点は、インターネット産業にある。主要都市のインターネット企業数のランキング（2016年）で、上海は30 19社と北京市（4657社）に次いで第

写真5-1　アリババ集団の本社と浙江大学（右）

（出所）筆者撮影。

２位となっており、３位の深圳（１３２４社）や４位の杭州（１１４９社）を大きくリードしている。[8] すでに上場している企業の中で、携程旅行網（シートリップ）は中国の旅行関係のインターネット企業としては最大手である。ユニコーンの数についてみると、上海市は全国第２位の26社で、そのすべてはインターネットに関連する分野に分布している。代表例として越境ＥＣの小紅書、弁当宅配の餓了麼（ウーラマ）、フィンテックの陸金所などが挙げられる。

浙江省の省都、杭州市は世界最大のＥＣ企業であるアリババ集団の本社（写真５-１左）があり、「ＥＣの都」とも呼ばれる。[9] 実際に杭州のニューエコノミーの発展では、ＥＣが主役を演じてきた。２０１６年の業種別の起業件数をみると、ＥＣ関連が全体の19・０％を占め最も多く、２位の企業サービス（12％）、４位のフィンテック（10％）もＥＣと密接に関係している。市内には中国最大のユニコーン、アントフィナンシャルが存在する。同社はアリババ集団傘下のオンライン決済を中心に展開するフィンテック企業である。評価額の大きさがアントフィナンシャルに次ぐ第２位のマッシュルームストリート（蘑菇街）もファッション製品の取引を中心に展開するＥＣ企業だ。

アリババ集団は杭州市の起業者にとって、最大のインキュベータともなっている。職歴が公開された起業者のデータをみると、その78％もの人がアリババで勤務した経験を持つ。

地元の名門、浙江大学（写真5‐1右）も起業者を育てる有力なインキュベータだ。学歴が公開された起業者のうち、浙江大学を卒業した関係者は全体の41％を占める。

３‐３　貴州＝データセンター、西安＝３Ｄプリンター、成都＝ＶＲ／ＡＲ産業の集積地

深圳や北京、上海、杭州市ほど目だっていないが、起業とイノベーション活動が盛んな都市は、ほかにもいくつか存在する[10]。

その一つが貴州省の省都、貴陽市だ。市内の貴安新区を中心に、ビッグデータを保管するデータセンターの集積地としての地位を固めつつある。データセンターは大量の電力と水を消費し、電力コストが運営コスト全体の50～70％を占める。貴州省は水力発電および火力発電のいずれにおいても比較優位を有していることに加えて、年間平均気温が摂氏15度であることから、サーバーの熱の発散にも適している。２０１４年には中国の三大通信事業者、中国電信集団（チャイナテレコム）、中国移動通信集団（チャイナモバイル）、中国聯合網絡通信集団（チャイナユニコム）が一斉にデータセンターを設置した。さらに17年にはアリババやテンセント、アップル、ファーウェイといったＩＴ業界の世界的な大企業もデータセンターを設けている。

陝西省西安市は、３Ｄプリンターの集積地として頭角を現してきた。同市には西北工業大学、西安交通大学、空軍軍医大学、西北有色研究院など、数多くの理工系大学が立地し、高精度部品や医療、

コンテンツ産業などを中心に研究している。最近ではこれらの大学・研究機関から3Dプリンター関連の企業60社が独立。60社の総売上高は年間5億元に達する。中国の3Dプリンターに関連する特許の半分は陝西省から申請されたものであるとの報告もある。

四川省は成都市を中心として、VR／AR産業の一大集積地を形成している。省全体で100社以上の関係企業が立地しており、コンテンツからソフトウェア、ハードウェアに至るまで、関連業者が勢ぞろいする。中国初のVRインキュベータも成都に立地しており、最大のVR／ARのハードウェア研究チームもここにある。

4　イノベーション創出の仕組み

イノベーションの波は中国の各都市に広がり、そこからは世界的な技術水準を持つ企業が生まれている。これらの都市の多くは生産機能を中心としてきたが、どのようにして世界的なイノベーション都市へと構造転換できたのだろうか。その背景には、地方政府、VC、メーカースペース、という3つの担い手が存在し、彼らが重要な役割を果たしている。中国独自の発展の図式を、再び深圳市を例に挙げながら解明してみよう。

4-1　深圳市政府の役割～成果をあげる「孔雀計画」

まず、地方政府の役割について考えたい。深圳市は中国初の経済特区だが、その歴史は40年足らずしかない。そのため、北京市や上海市といった大都市と比べると、大学や研究機関の数が決定的に不足している。香港に隣接するが、「一国二制度」の原則もあって、相互の産学連携は必ずしも十分とはいえない。

こうした状況の中、深圳市はイノベーション活動に欠かせない高度人材を国内外から誘致するため、２０１０年10月に「孔雀計画」を打ち出した。政策目標として、10年からの５年間で50以上の高度人材が率いる研究チーム、１０００人以上の高度人材、そして1万人以上の各種人材を海外から誘致することを掲げ、５年後の16年以降も計画は続いている[11]。

目標達成の具体策として、高度人材の研究活動や起業に対して助成金を支給。最も優秀な研究チームには８０００万元の資金を支給したほか、個人には80～１５０万元の助成金を授与するとともに、市内に定住するための手続きの簡素化など様々な便宜も図ってきた[12]。一連の施策は大きな成果を収め、２０１６年末までに１３６４人の海外の高度人材を招聘したほか、留学先の海外から深圳市に戻った学生の総数も8万人を上回った。留学生によって４２００社以上が設立され、うち売上高が１億元を超えた企業は62社に達している。前述したユニコーン、ロヨルや Orbbec の創業者はいずれも孔雀計画によって招かれた高度人材だ[13]。

孔雀計画により、２０１７年末までに合計１０２の研究チームが助成金を受けた。そのうち外国人が率いるチームは14もある[14]。深圳市はこのようなオープンかつ国際的な制度を通じて、世界中の人材を獲得する構えである。また、15年までに補助金を受け取った研究チームの成果をみると、半分以上が商品化を果たしたか、その過程にあった。これらの研究チームの売上高は受け取った助成金総額の約3倍に達している。なお、81のチームが合計で3323の特許を申請し、うち実際に承認されたのは741件にのぼる(15)。

深圳市は独自の人材育成にも取り組みはじめている。2015年には「深圳市のメーカー発展の促進に関する3年行動計画（15～17年）」を発表。その中に、小・中学校、職業学校および大学にそれぞれ「メーカー実験室」を設置し、起業やメーカーに関する学生の興味や実践力を高めることを目指す、という内容を盛り込んだ。例えば、深圳湾学校（公立小・中一貫校）のメーカー実験室では、入門編として、生徒が電子回路をつないだり、ラジオを製作したり、太陽光や手動で電気を起こす実験をしている。さらに、中級編では水や音声、熱などのデータをセンサーでキャッチし、IoTの概念を勉強している(16)。

前述したように、メーカーのイノベーション活動の最大の特徴はオープンイノベーションにある。「3年行動計画」では、オープンイノベーションを最大限に推進するため、以下の3点も盛り込まれている。

①オープンソースソフトウェアとハードウェアの開発推進。モジュール化した開発ツールや開発設備の提供を通じ、アイディアからプロトタイプへの開発プロセスを簡易化する。

②大学、研究機関、ハイテク企業による大型科学実験設備のオープン化を促進するとともに、設備、文献およびデータなどのリソースの共有を進める。各種機関によるサーバーリソースのオープン化も奨励し、ソフトウェア開発、クラウドコンピューティングおよびクラウドストレージといった面からメーカーを支援する。

③オープンソース許可制度を設立する。業界団体間の提携を通じて、オープンソースソフトウェアおよびオープンソースハードウェアの業界規則の作成を模索し、シェアリングを中核とするオープンソースの体制を確立する。

このほか、融資やメーカースペースの創設といった面でも支援策がある。いずれもイノベーションのハードルを引き下げ、より多くの優秀な人材に起業してもらうことを目的としている。

4-2　様々な資金調達ルート～大型VCが集中

VCも深圳市の起業とイノベーションが活発化するうえで、重要な役割を果たしている。2017年11月までに、深圳には5200社以上の投資機構が存在し、1兆5000億元に上るベンチャー資本が管理されている。これらのファンドの投資額のうち、約1200億元は深圳向けだった。また、深圳証券取引市場の創業ボードで上場した企業の3分の1以上は、深圳のVCから融資を受けている[17]。

2016年時点の中国のVCとプライベートエクイティ（PE）の上位10社（図表5-5）をみると、特にアーリーステージへの投資を行うVCの多くは、深圳市に本社を置いている。外資系を除くと、投資額が多い1、3、4、5位の本社はいずれも深圳にある。

深圳市政府はベンチャー投資を支援するため、いわゆる「政府誘導資金」を投入して親ファンド（母基金）を設立している。親ファンドはリミテッドパートナー（LP）として個別産業に特化した専門ファンド（子基金）に出資する。専門ファンドは、同時に国有企業や民間企業などからも出資を

図表 5-5　中国の VC とプライベートエクイティ（PE）上位 10 社（2016 年）

	VC	本社所在地	PE	本社所在地
1	IDG	外資	鼎晖投資	北京
2	セコイア	外資	平安資本	深圳
3	深圳創新投	深圳	昆吾九鼎	北京
4	江蘇毅達	南京	中国光大ホールディングス	香港
5	徳同資本	外資	テンセント投資	深圳
6	達晨創投	深圳	建銀国際	香港
7	東方富海	深圳	硅谷天堂	北京。深圳に事務所あり
8	基石資産	深圳	復星資本	上海
9	元禾ホールディングス	蘇州	弘毅投資	北京。深圳に事務所あり
10	君聯資本	北京	高瓴資本	外資

（出所）「清科 2016 年度中国股権投資年度排名」から作成、数字は資金規模や IPO 数、リターンの規模などを総合評価した順位。

募る。

市内においては、２０１７年6月30日までに合計で１０１の専門ファンドの設立が許可された。これらの専門ファンドに対して、市政府は５２１億元の出資を承諾しており、他からの出資も合わせると、最終的には２４９１億元規模のファンドを形成させる見込みである。同日時点で、実際に設立されたのは61ファンドあり、市政府は公的資金を合計で２０３億元拠出した[18]。

深圳市全体のベンチャーファンドの金額からみると、政府誘導資金をベースに創設した専門ファンドのシェアは必ずしも高くないが、政府系ファンドは地元企業を中心にリスクの高いアーリーステージに投資を集中させるよう、制度設計されている点に特徴がある。具体的には、政府から出資を受けた専門ファンドの7割以上の資金は、アーリーステージとミドルステージに投資すること、そして、政府の出資額の2倍に相当する資金は、深圳の地元企業に投資することが求められている。[19] ２０１７年11月までの実績をみると、深圳市政府の親ファンドからの出資を受けた専門ファンドは４２８億元を投資したが、うち１７７億元は地元企業へ投資された。[20] このアーリーステージを中心とした投資は、深圳のスタートアップの初期の事業展開にとって非常に貴重な資金源となっている。

深圳市のスタートアップはＶＣ以外にも、様々なルートから融資を受けることが可能である。例えば、製品開発の初期段階では、クラウドファンディングが重要な資金調達の手段となっている。海外の有名なクラウドファンディングのサイトであるキックスターター（Kickstarter）や中国のＪＤクラウドファンディング（京東衆籌）などが利用されている。スタートアップはクラウドファンディングサイトを活用することによって、世界中のスマートデバイスの愛好家に向けて製品の宣伝を行うこともできる。さらに、クラウドファンディング会社を介して愛好家たちのフィードバックを受け、より創造的な商品を開発するためのヒントを得ることも可能だ。

深圳市のエレクトロニクス産業では、数万社にのぼるサプライヤーが存在している。これらの企業の多くは１９９０年代以降に創業しており、大半は最近のスタートアップよりも企業規模が大きい。そのため、サプライヤーがスタートアップと取引を行う過程で、将来性のある企業に対して出資を行うことも珍しくない。

4-3　ユニークな「メーカースペース」
～設備提供から取引先の紹介まで支援

深圳市では「メーカースペース」（創客空間、スタートアップ支援施設の一種）の役割も見逃せないだろう[21]。メーカースペースは、場所の提供からロードショー（投資家訪問）、企業マッチング、資金提供に至るまで、様々な側面からスタートアップを支援している。2016年末時点で、市内のメーカースペース（写真5-2、筆者撮影）は200カ所に達しており、メーカースペースにおけるプロジェクトは1520件に上ると推計されている。

メーカースペースは機能によって、いくつかのタイプに分類される。まず深圳市ならではのメーカースペースとして「サプライチェーン主導型」が挙げられる。これは、3Dプリンターなどの設備の共有、プロトタイプの制作、部品供給、委託加工先の斡旋といった面で起業を支援をしている。硬蛋（IngDan）、蛍火工場（Firefly）、華強智造、HAX、星雲（Stargeek）がその典型例である。

次に「大企業主導型」がある。大企業が自社戦略の一環と

写真5-2　深圳のメーカースペース

（出所）筆者撮影。

して メーカースペースを創設して、自社の経営資源と資金を提供しながらスタートアップを育成するタイプだ。そこでは通常、大企業のプラットフォームをベースにして、スタートアップに補完的なイノベーション（Complementary Innovation）をさせている。深圳市では米マイクロソフトやテンセント、ネット通販大手の京東集団などの大企業がメーカースペースを創設している。

例えば、京東集団のメーカースペースは、消費者向けエレクトロニクスと家電分野のスタートアップを専門に育成している。自社のホームページでスタートアップの製品を展示するための専門チャネルも設けるほか、ネット通販などから得た販売ビッグデータをスタートアップと共有している。さらに、専門のサプライチェーン支援チームも作り、スタートアップとサプライヤーのマッチングを行っている。

メーカースペースはこのほか、「イベント主催型」（柴火空間、創業沙拉、草根天使会、華友会、単飛企鵞倶楽部）や「ファンド主導型」（創新谷、松禾創新）、「産学連携型」（清華大学深圳研究生院創客空間）といったタイプに分けられる。

4-4　A社の事例

ここで、VC、メーカースペース及び政府の役割が集約されているA社の事例を紹介しながら、深圳市におけるイノベーション創出の仕組みの一端を示したい[(22)]。

A社は中国最初の人民元ファンドの一つである。傘下には22のファンドがあり、130億元以上の資金を運営している。インターネットやAI、ヘルスケア、新素材などの幅広い分野に投資し、ゲノム解析に取り組む深圳市の代表的なハイテク企業、華大基因（ＢＧＩ）をはじめ49のＩＰＯに成功している。先に紹介したロヨルやOrbbec、Sensetimeはいずれも同社が投資したユニコーンである。より多くのユニコーンに巡り合うために、独自のメーカースペースも運営している。

Ａ社のメーカースペースは将来性のあるスタートアップを発掘するため、起業コンテストやロードショーなど各種イベントを頻繁に開催している。２０１７年初めまでの1年半で、同社のメーカースペースには５０００点ものビジネスプランが集まり、この中から50点を選び抜き実際に投資した。スタートアップの選別の基準として、まず業界の将来性を判断し、とくに出口戦略としてＩＰＯの可能性の有無を見極める。次に、会社の技術力が中国でトップ3、世界でトップ5に入るかどうかが重要な基準となる。最も重視しているのは、創業チームの企業家精神で、同社は「一流のサイエンティストよりも一流の起業家を優先して投資したい」としている。

選抜したスタートアップは手厚く支援する。例えば、独自に作成した若手リーダー養成計画の一環として、メーカースペースに入居した起業家に対し、ファーウェイやＤＪＩなど深圳市のリーディングカンパニーの管理職と交流する機会を提供する。起業家たちのＭＢＡコースへの進学も支援するほか、技術移転研究院を創設し、スタートアップと大学や研究機関の産学連携を推進する。Ａ社の傘下にはＡＩ関係のスタートアップが多いため、半導体大手である英アームのＡＩ連盟に加盟したり、マイクロソフトのＡＩ部門と提携したりしている。業界の有力企業との取引も斡旋する。

Ａ社は政府との関係が深い投資会社から独立したベンチャーファンドである。そのため、深圳市が推進する「孔雀計画」の選抜者への投資を優先的に検討し、投資した後も補助金申請を斡旋している。ロヨルに対し、A社は２０１２年のエンジェルラウンド、13年のAラウンドで投資を行ったが、エンジェルでの投資を決める際には、ロヨルが孔雀計画の選抜者だったという点が、大きな判断材料になったという。

5　地域の経済発展や産業高度化に与える影響

活発な起業とイノベーション活動は、地域の経済発展や産業高度化にどのような影響を与えるのだろうか。深圳市の事例をみると、少なくとも以下の2点を指摘できる。

まず、起業とイノベーション活動が活発に行われている地域ほど、革新的な大企業が育ちやすい、ということである。２０１７年12月時点で深圳市に立地する上場企業（中国国内、香港市場および米国市場で上場する企業を含む）の企業価値は、都市別で比べると、北京市に次ぎ全国で第2位となっており、3位以下を大きく引き離している。北京は大半の中央所属の大型国有企業の本社所在地であり、上場企業の企業価値は23兆６０００億元と全国で断然の1位である。深圳は10兆４００億元で、人口規模が2倍以上の上海市の7兆５０００億元を大きく上回っている。上海の上場会社の上位8社（交通銀行、浦東発展銀行、上海汽車、太平洋保険、チャイナユニコム、宝山製鉄所、上港集団、国泰君安）はいずれも国有企業だが、深圳の上場企業上位8社のうち、5社（テンセント、中国平安、万科不動産、平安銀行、ＢＹＤ）は民間企業が占めている。(23)

次に、新興産業も起業とイノベーション活動が活発に行われている地域ほどより創出されやすい。

新興産業の最先端の研究は、大学の実験室の第一線で活躍する若手の科学者によって推進されることが多い。これらの研究成果を商品化し、事業化していくためには、旺盛な企業家精神、巨額の資金、そして豊富なビジネス資源が必要不可欠である。

深圳市のようなイノベーション都市では、地方政府、ＶＣ、そしてメーカースペースが相まって、必要なリソースを集中的に提供している。その結果、ハイテクスタートアップが相次ぎ台頭するようになり、最先端の研究成果を短期間に商品化し、新興産業を創出していく。近年の深圳におけるスマートデバイスやＩｏＴ関連産業の発展は、まさにその典型と言える。

製造業で高い国際競争力を有する日本企業、とくに大企業は、深圳市のような中国のイノベーション都市をどのように活用するべきだろうか。以下の３つの方向性が考えられる。

まず、キーコンポーネントのサプライヤーとして、新興産業のボトルネックを解消しスタートアップの成長を支援することである。例えば、深圳市のスマートデバイス産業は、センサーの精度や電池の持続性といった面で依然として大きな問題を抱えている。こうした技術的な難題を克服できるサプライヤーにとっては、深圳は間違いなく大きな市場となろう。

次に、プラットフォームベンダーとして、大企業主導型のメーカースペースの創設などを通じ、スタートアップを自社のエコシステムに積極的に組み入れることである。日本企業が単独で取り組んでも、優秀なユニコーンに巡り合うには限界がある。地元政府や有力なＶＣ、メーカースペースと連携することが企業発掘の早道となる。

最後に、投資家として、地元の有力ＶＣなどと連携しながら、将来性のあるスタートアップに早い段階から投資し、ユニコーンに育てていくということも考えられよう。

【注】

（１）中国工商行政管理総局のホームページ（http://www.saic.gov.cn）の各年の発表による。

（２）Hioiki, Shiro and Ke Ding (2017) “Industrial clusters and global value chains as complementary channels of knowledge and information: A case study of China’s mobile phone-set industry”, *Interim report for Industrial organisation in China: Theory building and analysis of new dimensions*. Chiba: IDE-JETRO.

（３）丁可、日置史郎、劉輝（２０１７）『２０１６深圳創客産業発展研究報告』（未刊行）。このレポートは、科学研究費プロジェクト「高度化する中国の産業集積の研究：空間経済学とエリアスタディの融合的アプローチ」（基盤研究Ｂ）の助成を受けたものである。

（４）『深圳市知識産権発展状況白皮書』２０１６年版。

（５）http://news.china.com.cn/2017-04/07/content_40577888.htm、２０１７年12月18日アクセス。

（６）http://www.its114.com/html/2016/changshangyaowen_1111/79438.html、２０１７年12月18日アクセス。

（７）北京に関する情報は、主に以下の報道による。http://www.bjd.com.cn/jx/toutiao/201709/23/t20170923_11071218.html、２０１７年12月18日アクセス。

（８）https://www.100offer.com/blog/posts/184、２０１７年12月18日アクセス。

（９）杭州に関連する情報は以下の報道による。http://www.sohu.com/a/128649573_616725、２０１７年12月18日アクセス。

（10）貴州、西安、成都に関する情報は以下の報道による。http://www.jiemian.com/article/1669067.html、２０１７年12月18日アクセス。

（11）深圳市政府は孔雀計画以外にも、２０１３年からは国籍を問わないハイベルの専門人材（高層次専業人材）を誘致する制度を設立した。

（12）https://freewechat.com/a/MzIzMzA5ODg0Mg==/2654456721/1、２０１７年12月18日アクセス、その他インターネット情報。

（13）https://www.chinaqw.com/m/jjkj/2017/11-27/169982.shtml、２０１７年12月18日アクセス。

（14）http://www.szsti.gov.cn/services/peacock、２０１７年12月18日アクセス。

（15）https://freewechat.com/a/MzIzMzA5ODg0Mg==/2654456721/1、２０１７年12月18日アクセス。

(16) 深圳湾学校の状況は、ジェトロ香港産業調査員である宮下氏の調査による。
(17) http://fund.eastmoney.com/news/1593,20171117803519472.html、２０１７年12月18日アクセス。
(18) http://www.szgzw.gov.cn/szgq/qydt/201708/t20170801_8019233.htm、２０１７年12月18日アクセス。
(19) http://www.ceweekly.cn/2017/0706/196757.shtml、２０１７年12月18日アクセス。
(20) http://fund.eastmoney.com/news/1593,20171117803519472.html、２０１７年12月18日アクセス。
(21) メーカースペースに関する記述は、丁・日置・劉（２０１７）に依拠している。
(22) 筆者が２０１７年に実施した同社のメーカースペースの担当者への複数回のインタビューによる。
(23) http://cj.sina.com.cn/article/detail/1935640501/510668、２０１７年12月18日アクセス。

【参考文献】

丁可・日置史郎・劉輝（２０１７）『２０１６深圳創客産業発展研究報告』（未刊行）。

Hioiki, Shiro and Ke Ding (2017) "Industrial clusters and global value chains as complementary channels of knowledge and information: A case study of China's mobile phone-set industry", *Interim report for Industrial organisation in China: Theory building and analysis of new dimensions*. Chiba: IDE-JETRO.

深圳市市場和質量監督管理委員会（各年版）『深圳市知識産権発展状況白皮書』（http://www.szmqs.gov.cn/zscq/zscqbh/zscqbps　２０１７年12月18日アクセス）。

深圳市統計局（各年版）『深圳統計年鑑』中国統計出版社。

科学技術省火炬中心／長城戦略諮問（２０１７）「２０１６中国独角獣企業（ユニコーン）発展報告」（http://www.sohu.com/a/130382228_631235　２０１７年12月18日アクセス）。

▶ 第 6 章

世界に羽ばたく自動車メーカー

——「脱ガソリン化」の波に乗り成長へ

日本経済研究センター 首席研究員兼中国研究室長

湯浅 健司

☞ Point

➢ 中国の国際的な産業競争力を底上げするには、自動車メーカーの実力強化が必要である。中国の自動車産業は約 60 年の歴史を持ち、2009 年には世界最大の自動車市場となったが、政府による外資主導の産業育成策の下、中国の独自ブランド車は競争力が低く、世界的な企業は育っていない。

➢ 2017 年から世界で急速に高まった「脱ガソリン車」の潮流は、中国の自動車業界にとって成長のチャンスとなろう。ガソリン車の技術では先進国に大きな遅れをとったが、電気自動車など新エネルギー車の分野では構造の簡素化、部品点数の削減などもあり、技術的にリードできる余地は大きい。

➢ 中国政府も中国企業を強力に支援している。工場を持たない電気自動車メーカーが誕生するなど、企業の側もスマートフォンなどで培った水平分業の仕組みを取り入れながら、新たな成長モデルを探り始めている。彼らは日本を始めとする海外勢にとって、手強いライバルとなる可能性がある。

注目データ　中国は 2025 年に新エネルギー車の販売台数を 700 万台とする計画

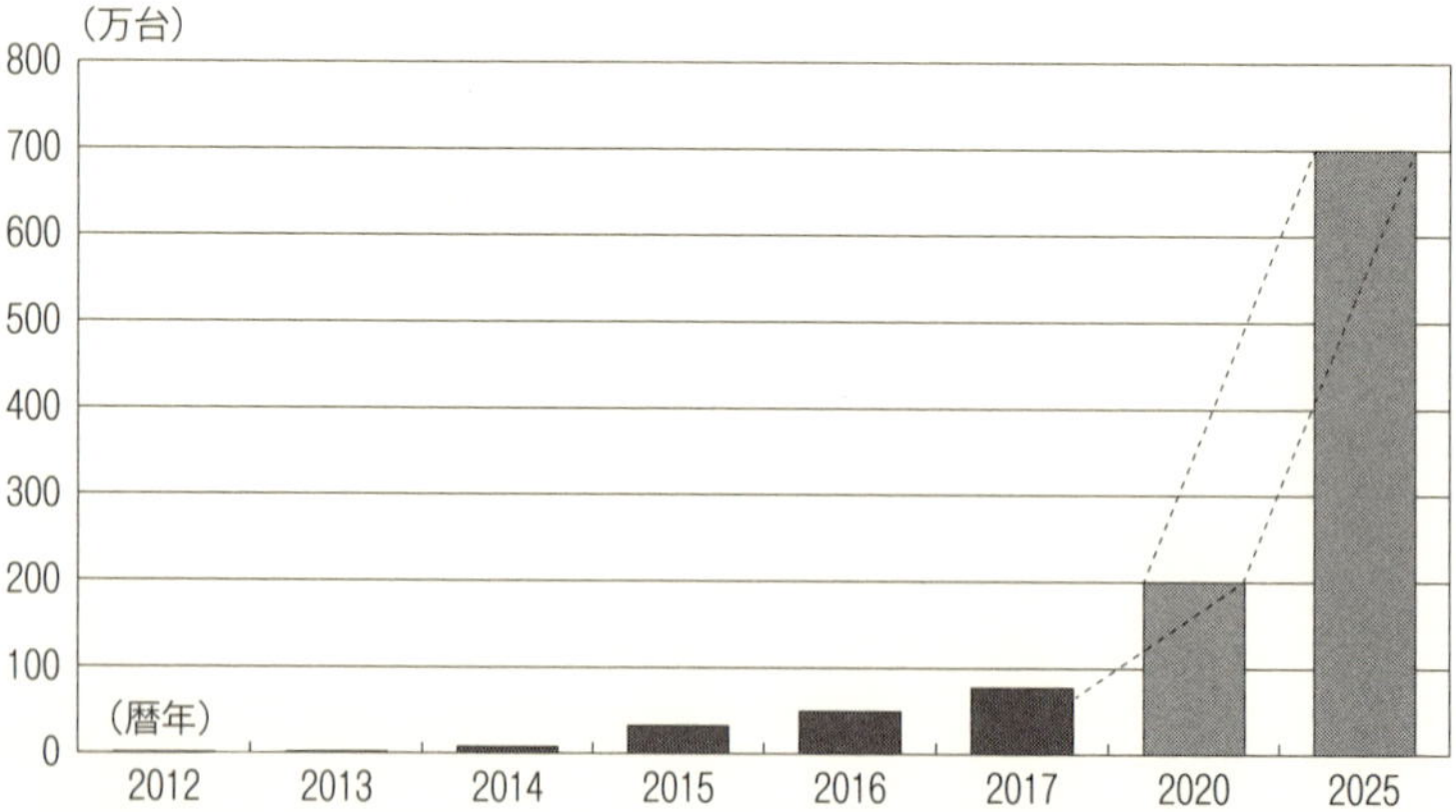

（出所）中国汽車工業協会の資料などから、12〜17 年は実績、20、25 年は政府などの目標。

1　自動車産業の育成は長年の課題

ある国の産業競争力を考える場合、その国の基盤を支える自動車産業の状況が注目される。自動車産業は産業の裾野が広く、雇用を含めて経済的な波及効果が大きいため、欧米や日本など先進国では基幹産業となり、製造業において重要な位置を占めている。

ＩＴ（情報技術）産業では世界をリードする存在となった中国の産業界にとって、自動車メーカーの競争力強化は長年の課題である。１９８３年4月11日、上海市で乗用車「サンタナ」の第一号車が産声を上げてから35年。いまや市場の規模では米国や日本をはるかに凌駕し、世界最大の自動車大国となった中国だが、その大半はいまだにドイツや米国、日本など外資系合弁メーカーが握る構図となっている。

合弁相手である中国企業は外資主導の事業構造に甘んじて、自主独立の路線を確立できていない。近年、「自主創新」を掲げる政府の大号令もあって、中国企業は独自ブランド車を開発する道を探り始め、多目的スポーツ車（ＳＵＶ）などでは販売台数で外資を上回る車種も出始めたが、自主独立の歩みはまだ道半ばだ。

そんな中、２０１７年に入って世界的に台頭し始めた「脱ガソリン車」の流れは、中国企業に新たな可能性をもたらすかもしれない。先進国よりひと足先に電気自動車（ＥＶ）など、いわゆる「新エネルギー車」（以下、新エネ車）の普及に取り組み始めた中国は、官民挙げて、その国産化に力を入れている。やがて中国は新エネ車大国となり、中国企業もスマートフォンや電気製品のように、世界の自動車業界をリードする存在となるのだろうか。

本章では、中国の自動車産業や産業政策を振り返りながら、急速に進む新エネ車の市場動向と政府の支援策を分析する。さらに、いくつかの有力メーカーを取り上げ、彼らを通じて、中国の自動車産業の今後を占ってみたい。

2　外資主導で成長した自動車産業

2-1　中国の自動車産業の始まり

中国の自動車産業は建国から4年が過ぎた1953年に始まった。旧ソ連の技術援助により吉林省で長春第一（現第一汽車集団）が発足。56年7月に「解放」ブランドのトラックの生産が始まった。[1]
当初は4トン型を年3万台程度生産し、これが近代中国の量産車第一号とされる。その後、同社は「東風」や「紅旗」ブランドの高級乗用車を生産するが、「紅旗」は60年から85年までわずかに1500台しか生産されず、用途も公用のみだった。
長春以外でも50年代後半から60年にかけて広がった「大躍進運動」に乗って、北京、南京、上海市、湖北省などで次々と自動車工場が立ち上がり、その数は100社を超えたというが、いずれの車種も大半はトラックかトラクターなど農業用車だった。中国における本格的な乗用車生産は、80年代の外資進出を待たなければならない。

2-2　外資導入と「3大3小2微」政策 ～90年代から急成長

　1979年から始まった改革・開放政策のもと、自動車産業における外資導入の機運が高まる。外資系の草分けは米AMC（クライスラー）の合弁会社「北京ジープ」、仏プジョーの「広州プジョー」、そして独フォルクスワーゲン（VW）の「上海VW」である。この3社は85年前後に量産を始め、中国における本格的な乗用車生産の歴史が幕を開ける。

　3社の立ち上がりを受け、他の外資も対中進出を模索し始める。一方、中国の複数の企業は独自に軽自動車や乗用車生産を目指したことから、政府は企業の乱立による業界の混乱を懸念。数多くの自動車メーカーを集約して競争力を高め、優れた企業を育成するため、80年代後半、乗用車の生産を特定企業にだけ認める「3大3小2微」政策を打ち出した。「3大」とは「第一汽車」「第二汽車（現・東風）」「上海汽車」の3つの大型国有企業、「3小」とは天

図表6-1　現在の主な自動車メーカー

「3大3小2微」と主な合弁会社	
第一汽車	一汽VW、一汽GM、一汽トヨタ、一汽マツダ
上海汽車	上海VW、上海GM、南京イベコ
東風汽車	東風汽車（日産）、神龍（PSA）、東風ホンダ、東風悦達起亜
広州汽車	広汽ホンダ、広汽トヨタ、広汽三菱、広汽日野、広汽フィアット
北京汽車	北京現代、北京ベンツ
長安汽車	長安フォード、長安スズキ
「3大3小2微」以外のメーカー	
吉利汽車	ボルボを傘下に
長城汽車	BMWとEV合弁
江淮汽車	VWとEV合弁
比亜迪（BYD）	
奇瑞汽車	

（出所）筆者作成、計画中の合弁会社も含む。

津汽車、北京汽車、広州汽車の3社、「2微」は長安汽車、貴州航空工業を指し、これらに限って外国企業と合弁生産することを認めた（図表6-1）。

さらに政府は94年、長期的な自動車産業の方向と政策を示した「自動車産業政策」を公布する。この政策は①乗用車工業に重点を置き、完成車とともに部品生産を育成する②企業の乱立を避け、大企業を中心とした集団を形成して規模の経済を実現する③外国から技術を吸収して、自主開発能力を高める④個人や家庭への乗用車の普及を進める――という4つの柱から成り、政策の基本的な精神は今日までなお引き継がれている。具体的には、外資に対しては、その進出を歓迎しつつも、必ず「3大3小」に定められた中国企業と合弁会社を設けることを求めた。外資の出資比率は50％以下に限定し、外資企業は1社最大で2工場までしか持てないとした。部品メーカーには外資の100％出資を認めた。

産業政策に基づいて外資導入をルール化したことで、各地で政府の思惑通りの生産体制が整った。急速な経済成長に伴い国民の生活水準が向上し、需要も段階的に増加。中国は2000年代にかけてモータリゼーションの時代を迎え、自動車産業は飛躍的に成長する。

2-3　合弁主導から自主ブランド強化へ

自動車市場が拡大し続ける一方、政府や業界ではメーカー間の過当競争や外資主導の市場の発展を警戒する声が出始める。2002年に発足した胡錦濤政権の下、自国の産業競争力の向上を目指した「自主創新」の機運が芽生える中で、政府は04年、10年前に設けた政策を更新する形で新しい自動車政策を打ち出した。外資規制を強めつつ、中国のメーカーについては「研究開発力を強化」「知的所有権を備えた独自製品の開発」「中国ブランド戦略の展開」を掲げて、10年までに有力ブランドを持つ複数の企業を育成するとした。

政府の方針に呼応して、上海汽車が２００６年から独自ブランド車「栄威」の生産を始めるなど、中国企業は独自開発車の生産を始める。さらに「３大３小」に組み込まれなかった企業もこの頃、徐々に力をつけ始めていた。純粋民族資本の吉利汽車（浙江吉利控股集団）や比亜迪（ＢＹＤ）、奇瑞汽車などが独自の乗用車を開発し、販売台数を伸ばし始めた。

ただ、独自ブランドも民族資本の車も品質面などで外資を脅かす水準にはならず、市場の過半は外資系が握り続けた。ＶＷや米ゼネラル・モーターズ（ＧＭ）、あるいは日本勢にとって、中国は本国と並ぶ主要な需要先へと変貌する。各社は旺盛な需要に応じた強気の増産投資と拡販を続け、中国の新車総販売台数は09年に１３６４万台を記録。

図表 6-2　日・米・中の自動車販売台数の推移

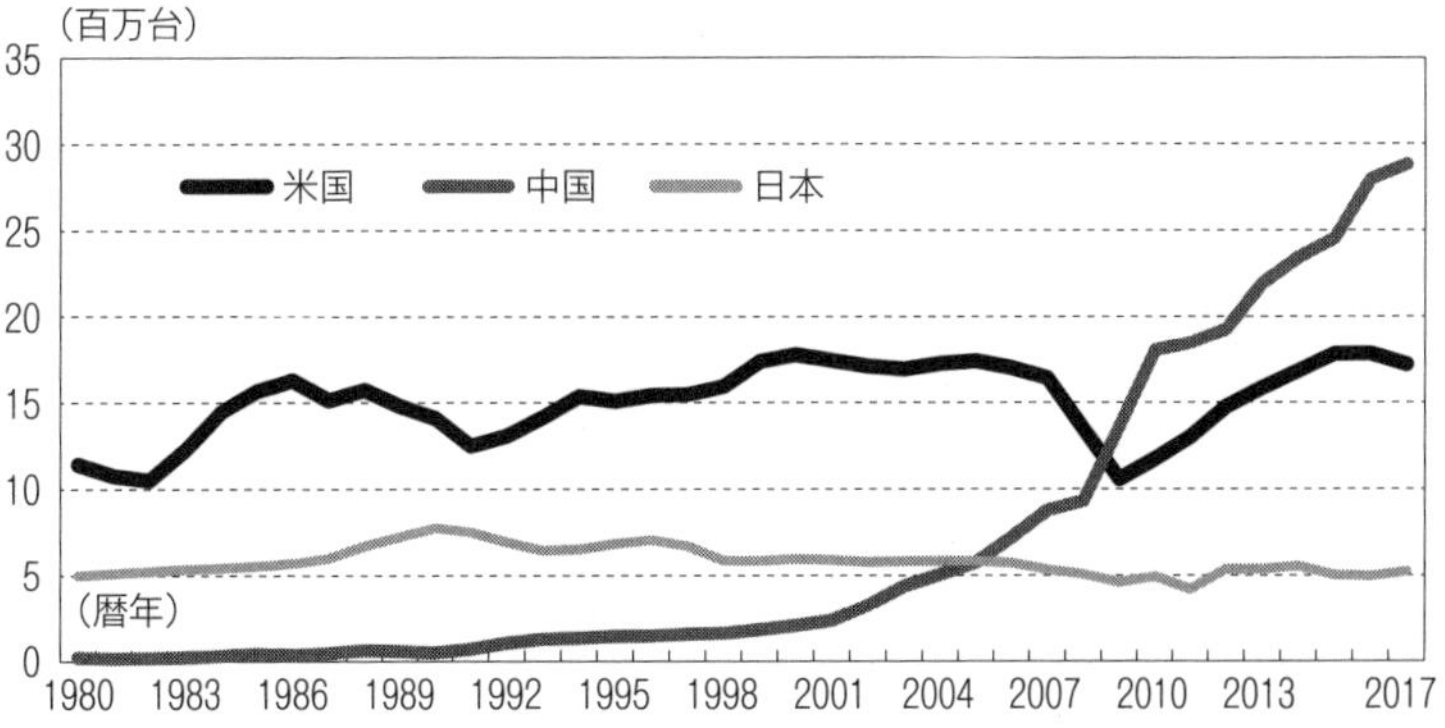

(出所) CEIC、Haver などから作成。

リーマン・ショックで沈滞する日本や米国を抜き、ついに世界最大の自動車大国に昇り詰めた（図表6－2）。

２－４　なお、一人立ちできない中国メーカー

世界最大の自動車大国となってからも、中国市場は右肩上がりで拡大し続ける。２０１６年の新車販売台数は前年比13・７％増の２８０２万台と、過去最高を更新し日米を大きく引き離した。ただ、16年の販売量の拡大は政府の小型車減税策によるところが大きく、減税幅が縮小した17年に入ると、伸び率は大幅に鈍化。17年は３・０％増の２８８７万８９００台にとどまった。

市場の構成をみると、ここ数年、中国独自ブランドの比率は着実に高まっている（図表6－3の折れ線グラフ）。これは安価な多目的スポーツ車（ＳＵＶ）に人気があるためで、外資との競争が激しい乗用車市場では、独自ブランドの比率は逆に低下している（同棒グラフ）。

図表6-3　中国・独自ブランド車の販売の推移

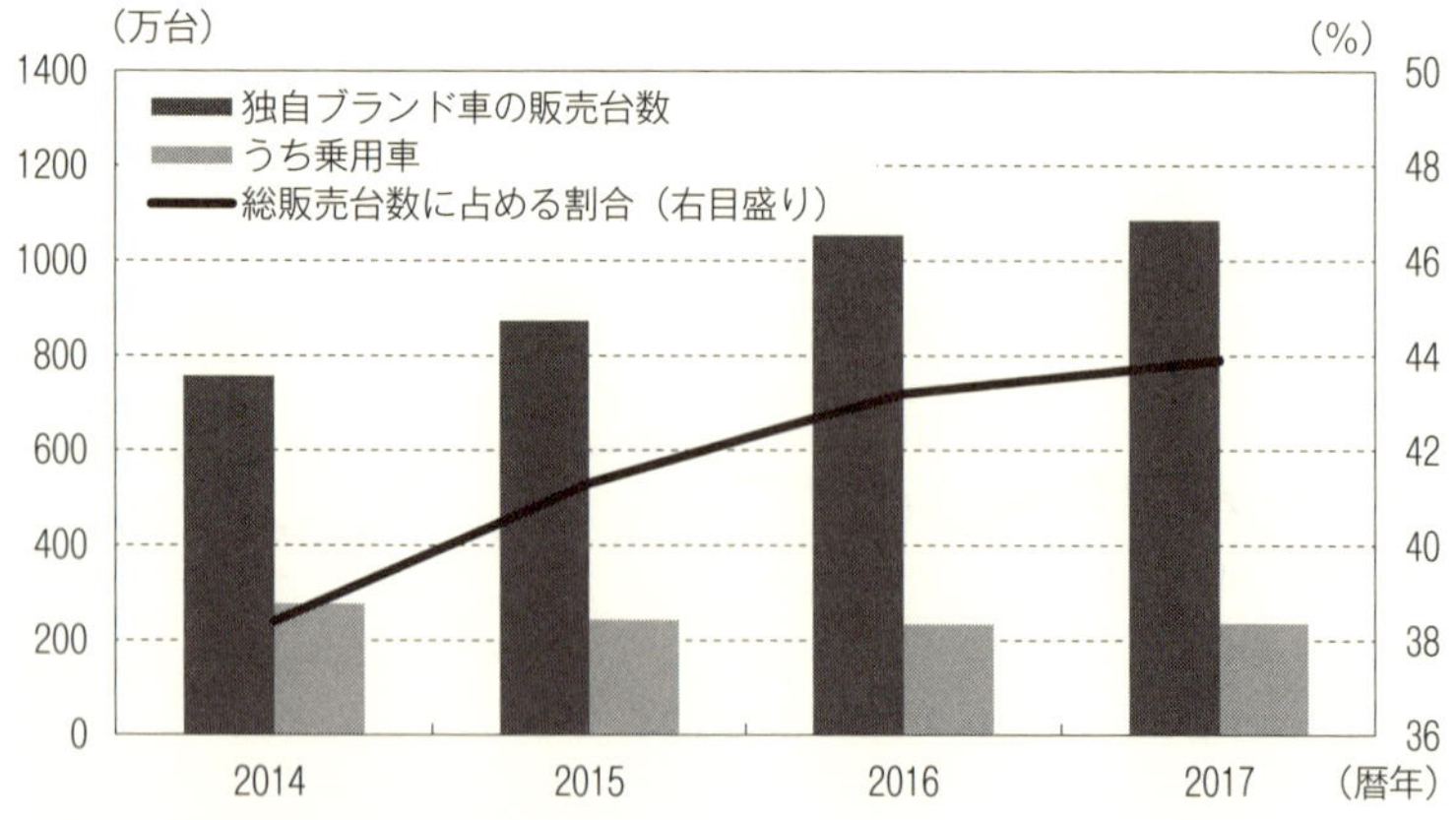

（出所）中国汽車工業協会の資料から作成。

独自ブランド間の競争も激しい。2017年は吉利や上海、広州汽車などが業績を伸ばす一方で、長安、長城、奇瑞は業績の低迷が目立った。技術力やデザイン力などで企業間の優勝劣敗が徐々に明確になっている。一方、依然として市場の過半を握る外資系は、外交関係の悪化の影響で苦戦する韓国勢を除き、各社とも安定した業績をあげている。

中国企業の独り立ちはいまだに道半ばという状況にある。なぜ、中国ではVWやトヨタ自動車といった強力な企業が育たないまま、過当競争が繰り広げられているのか。その要因は次の2点が考えられる。

まず、これまで振り返ってきたように、外資との合弁事業を軸に自動車産業が発展してきたことが挙げられる。政府は政策によって外資に資本の過半を握らせず、合弁事業は中国側が主導し、外資から技術や経営ノウハウを吸収してしまおう、という思惑だった。しかし、上海VWなど合弁第一号が発足してから30年が過ぎた今でも、「3大3小2微」の企業の多くは、外資側に経営の多くを委ねてしまい、好調な業績に甘んじて、技術の蓄積や経営ノウハウの取得などを積極的に進めて来なかった。独自ブランドの車が売れていると言っても、外資系があまり参入してこない低価格のSUVを消費者が選んでいるに過ぎず、中国企業の技術的なレベルアップにつながっていない。

「3大3小2微」はいずれも中国を代表する国有企業である。自動車産業の現状は、国有企業改革がいかに難しいかを示す、典型的な例でもある。

二番目の要因は、自動車産業を支える民族系の部品メーカーが育っていない点にある。部品メーカーは完成車メーカーとは異なり、政府は早い段階から外資の100%出資を認めてきた。日系を始め数多くの外資系が中国に進出し、合弁の完成車メーカーに向けて部品を供給する体制を整備し、それが今日の世界を圧倒する生産規模につながったのだが、外資系の独資企業に対抗できるような中国の有力な部品メーカーは数少ない。エンジンやトランスミッションといったガソリン車の駆動装置部品は高度な技術力が必要とされる。主要部品を手がける企業の台頭なくしては、自動車産業の基盤は決して厚くならない。

3　独自ブランド育成の悲願と「脱ガソリン車」の潮流

こうした状況の中で、2017年に入って世界的に急速に盛り上がって来たのが「脱ガソリン車」の潮流である。EVとプラグインハイブリッド車（PHV）を総称した「新エネ車」の分野では世界の自動車メーカーがほぼ同じスタートラインに立ち、一斉に事業化に向けて動き始めている。潮流に乗って中国のメーカーも先陣争いに加われば、ガソリン車で果たせなかった「世界的な企業の育成」も夢ではなくなる。中国の自動車業界は官民挙げて、新エネ車の国産化と普及促進に取り組み始めた。

3-1　時代が求める新エネルギー車と中国政府の思惑

先進国と同様に、中国においても新エネ車の歴史はまだ浅い。ガソリン車の急速な普及により北京市など大都市で大気汚染が深刻化した2010年、政府は環境対策の柱の一つとして新エネ車の普及

図表6-4　中国の新エネルギー車の販売台数の推移

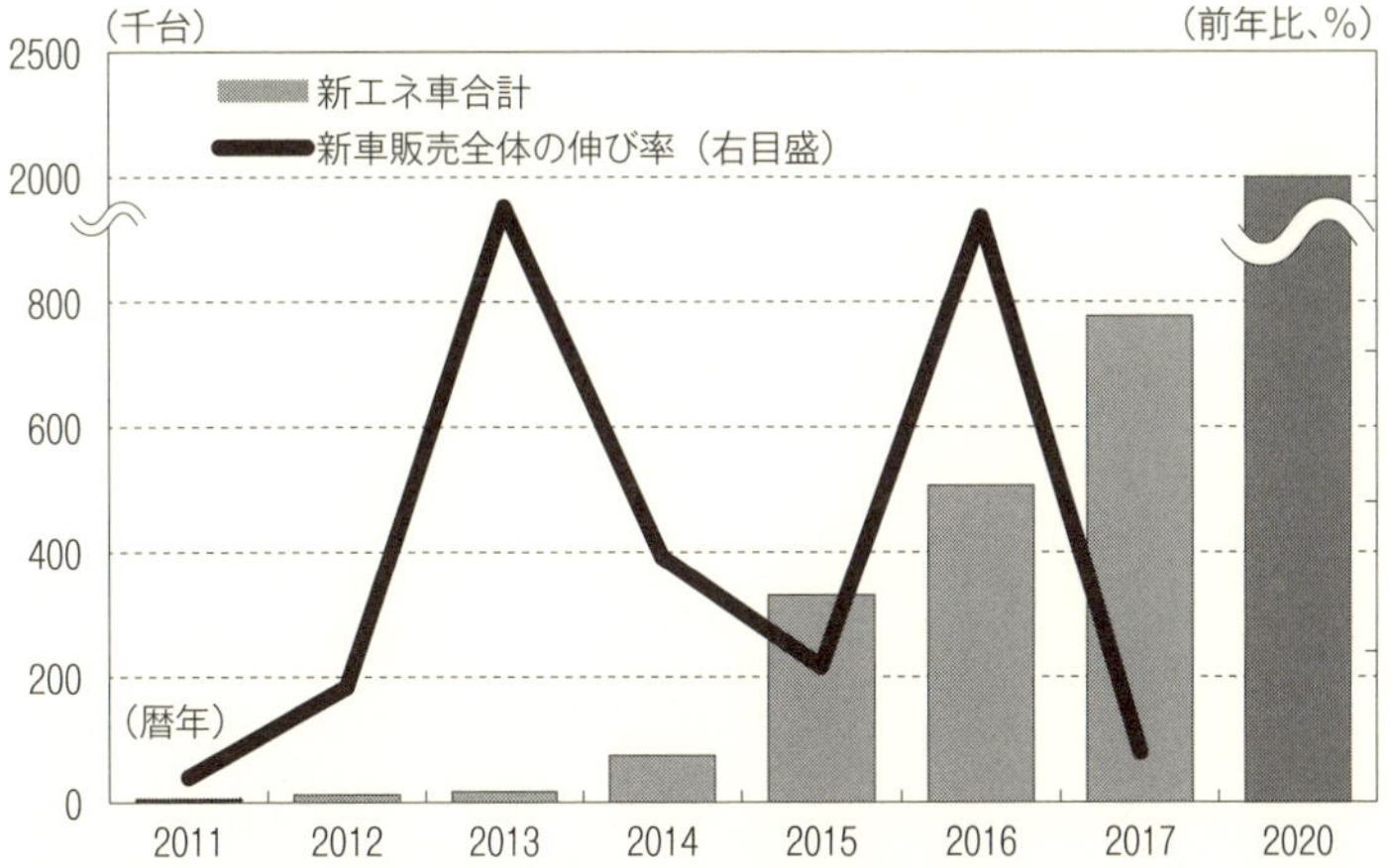

（出所）中国汽車工業協会の資料から、20年は政府目標。

計画を策定。15年までに累計50万台の販売を目指した。しかし、当初の新エネ車市場は国産の小型EVが主流だったため、「馬力と排気量は大きければ大きいほど良い」という当時の消費者の志向に合わなかった。1回の充電で走行できる距離が短く価格も高かったことが決定的な欠点となり、13年までは販売台数が年間10万台に届かなかった。

販売が伸び始めたのは2014年以降だ。中国の経済成長が減速し新車販売全体の伸び率には急ブレーキがかかったにも関わらず、新エネ車の販売台数は14年が前年の約4倍の7万4000台、15年はなんと5倍弱の33万1000台を記録した（図表6-4）。爆発的な増加の理由は、政府のメーカーへの補助金政策にある。13年9月に中央政府により本格的な購入補助金制度が初めて規定され、EVとPHVの2種類が補助金の対象となった。中央に合わせ、地方政府も14年にかけて同様の補助金制度を整備していった。

図表6-5　新エネ車の乗用車販売ランキング（2017年実績）

順位	メーカーと車名	販売台数
1	北京汽車　EC シリーズ	7万8079
2	知豆（吉利傘下）D2	4万2342
3	BYD　宋 DM 1.5T	2万9366
4	奇瑞　eQ	2万5140
5	吉利　帝豪 EV	2万3225
6	江淮　IEV	2万3153
7	BYD e5	2万2423
8	長安　奔奔 EV	2万1047
9	BYD 秦	1万9701
10	上海汽車　栄威 RX 1.5T EDU	1万9509

（出所）数字は17年1〜12月の累計、中国全国乗用車市場信息聯席会の統計から作成。

財政省や科学技術省などが共同で2015年9月に発表した「新エネルギー車の普及促進のための財政支援策に関する通知」によると、補助金は2020年まで支出され、EVの16年の補助金は航続距離によって1台当たり最大で5・5万元。これに地方政府の補助金が加わると、メーカーは1台販売するごとに100万円を超える補助金を得られるケースもあった。補助対象は中国資本のメーカーにほぼ限定されるため、現在でも新エネ車の販売上位には、吉利やBYDや奇瑞、江淮汽車といった民族系メーカーが並ぶ（図表6-5）。

2017年に入って、爆発的な販売台数の伸びはひと段落している。中国汽車工業協会は16年の新エネ車の販売予測を70万台、17年は80万台と予測したが、実際は16年が50万7000台、17年は77万7000台と、いずれも予測を下回る規模だった。年を追うごとに補助金が減額されているためで、17年は補助金減額の駆け込み需要が期待されたが、年初予想を下回った。18年の補助金は従来比で約3割減となった。

もっとも、補助金だけが新エネ車購入のインセンティブではない。北京市や上海市、広州市など乗用車のナンバープレートの発行が厳しく規制される地域でも、新エネ車は優先的に発行される。例えば、競売でナンバープレートを購入しなければならない上海市では、2018年1月の落札率はわずか5・4％。入札者は22万6316人に対して、落札できた枚数は1万2183枚に過ぎず、平均落札価格は8万7936元だった。ガソリン車ならナンバープレートを取得するだけで20倍の競争があり、さらに車本体に匹敵する金額を支払わなければならないが、新エネ車は例外扱いとなる。

また、政府はガソリン車について、メーカー各社に2020年までの厳しい燃費規制を課している。技術的な限界がある中国メーカーにとって、規制目標値の超過分を穴埋めするため、新エネ車の比率を高める必要がある。また、販売される新エネ車の約4分の1はバスが占める。各地の地方政府が公共利用のバスのEV化を強力に進めており、この分野では安定した需要が見込まれる。これらの理由から、メーカーの新エネ車に対する生産意欲は衰えていない。むしろ、商機をみた新規参入が相次ぎ、過当競争が懸念されている。腰が引けていた外資も参入の機会をうかがうようになる中、中国政府は17年、業界の健全化と発展を目指し、新エネ車を巡る政策を立て続けに打ち出していく。

3-2　業界の健全化と育成に向けた新政策～30年にはガソリン車全廃も

中国政府は2017年4月、「自動車産業中長期発展計画」を発表。この中で新エネ車の年産台数を25年には全体の20％の700万台にすると宣言。増産に向けた具体策として、同年9月には、メー

図表6-6　新エネ車生産に関するクレジット制度

◎クレジットの計算方法
EVの場合 航続距離×0.012＋0.8＝メーカーが得るEV1台当たりのクレジット数 例）航続距離が200キロの標準的なEVなら 200×0.012＋0.8＝3.2クレジット
※EVを1台生産するとおよそ3クレジットを得る
◎ガソリン車を年100万台生産する企業は19年に何台のEV生産が必要か？
100万台×10％＝10万クレジットが必要 10万クレジット÷3クレジット＝約3万3000台
※約3万3000台のEV生産が必要

（出所）筆者作成。

カー各社に一定比率の新エネ車の製造を義務付ける「クレジット制度」を発表した。当局は18年からの実施を探ったが、メーカーの準備が間に合わないことなどから実施時期は1年先送りされ、19年から厳格に適用される（図表6-6）。メーカーは総生産台数に対して、19年は10％、20年は12％に相当するクレジットを得る必要がある。

この制度が実施されると、規制をクリアできないメーカーは足りない分のクレジットを余った会社から購入する義務が生じる。新エネ車で先行する中国企業は余ったクレジットを販売するだけでも多額の利益を上げられる。BYDは19年以降、3年間で2400億円の利益を上げられるとの試算もある(2)。

政府は一方で、1994年に打ち出した「自動車産業政策」以来、長年、堅持してきた外資の参入規制も一部緩和した。「外資は1社2工場まで」という大原則を転換して、エコカーに限っては3社目の合弁を認めるという内容だ。これを受けて、外資最大手のVW（一汽、上海とすでに合弁）は江淮汽車とのEV合弁を決定。フォード（長安、江鈴汽車とすでに合弁）は、新たに浙江省の中堅メーカー、衆泰汽車とEVを生産する。BMWは長城汽車と小型車ブランド「ミニ」のEV合弁生産を決めるなど、規制緩和を受けて外資の動きが加速している。

ただ、政府は新エネ車の合弁事業に対して、外資系のブランドではなく、中国の国産ブランドを使用するよう求めているとされる。実際にVWもフォードも中国側のパートナーの独自ブランドでEVを販売する計画だ。政府の要求通りになれば、結果的に外資側は中国メーカーに技術を提供し、生産した中国ブランドの新エネ車を一緒に売るという形になる。規制緩和の狙いは、外資の参入を加速させて、中国のメーカーに技術移転を促すことにあるとも言える。政府は18年6月までに、上海市などに設置している自由貿易試験区に限って、50％以下という外資の出資規制を緩めることも決定。これを受け、米テスラが上海に工場を設けるとの情報がある。

政府は英国やフランスの動きに追随して、ガソリン車の製造販売を禁止することも検討し始めた。具体的なスケジュールは未定だが、BDYの王伝福・董事長は17年9月、欧米や日本メディアのインタビューで「2030年にはすべての車がEVとなる」との見通しを示している。その理由は「ガソリン車の増加は大気汚染の深刻化とともに、原油輸入量の拡大による国家安全上の問題を招いているため」という。政府の動きを先取りして、長安汽車のように「2025年までに独自ブランドの車についてはガソリン車をやめる」とする企業も出始めた。

3－3　新エネ車普及と中国企業の可能性

急速に新エネ車に舵を切る中国だが、メーカー各社は今後、EVなど新エネ車の分野で世界をリードする存在となるのだろうか。中国の自動車業界に詳しい上海同済汽車設計研究院有限公司の尹東暁・副総経理は「中国において新エネ車がどの程度、普及するか。さらに企業の技術力がカギを握る」と話す。

中国に限らず、今後、新エネ車が社会に広がっていくポイントは「優遇策、環境規制、メーカーの製造義務付けの３点にある」（尹副総経理）。これまでみてきたように、中国の政策はこれら３点のいずれについても対応した内容となっている。政府は国際的なＥＶ化の流れに乗りながら、「アメ」と「ムチ」の政策を巧みに使い分けて、新エネ車へのシフトを促していると言える。

中国企業の技術力はどうだろうか。前述したように、中国の自動車産業の弱点の一つは部品メーカーにある。ガソリン車の部品は約３万点とされるが、これがＥＶになると複雑な構造を持つエンジンがモーターに置き換わることなどから、例えばタンクなど燃料系、点火プラグなど燃焼系、マフラーなど排気系、スロットルなど吸気系、オイルポンプなど潤滑系、ラジエーターなど冷却装置、自動変速機など変速機構も不要になる。(3) 経済産業省の試算ではガソリン車に比べて、ＥＶの部品点数は約４割も減るという。構造がシンプルになれば、車はテレビなど家電製品のように汎用品化が進み、中国企業が得意とする開発や設計、製造などをそれぞれの専業メーカーが分担する「水平分業」が可能となる。実際、後述するように、中国ではすでに開発や研究に特化し、製造は大手メーカーに委託するＥＶのスタートアップ企業が数多く登場している。

中国企業にとって優位な点はさらにある。ＥＶは自動運転やカーシェアリング、コネクテッドといった、従来のガソリン車には無かった、全く新しい次世代の機能やサービスと親和性が高い。これ

〈BOX：上海市政府が主導してカーシェリング事業を展開～学生らが気軽に利用〉

約30年前に乗用車の外資第一号を生んだ上海市はいま、新エネ車でも中国のフロンティアになろうとしている。その一つの試みが市政府主導によるEVを使った「カーシェアリング事業」だ。

実施主体は市政府傘下の国有企業が設けた「環球車享汽車租賃」。2013年から試験運用を始め、15年から「E享天開」というブランド名で本格的に事業を開始した。現在、保有するEVは上海市内だけで6000台。上海市内のほか江蘇省など全国30都市にまでサービス範囲を伸ばしており、全国で保有するEVは1万8000台を超える。

利用者はスマートフォンを使って環球車享に登録したうえで、専用のアプリをダウンロードする。車を利用する際にはアプリを使ってドアの開閉やモーターを始動させる。利用料は上海汽車集団製などの小型車（写真6-1、筆者撮影）なら1時間0.6元、独BMW製の「i3」でもわずか1元に過ぎない。

全国3000カ所に充電施設を備えた拠点があり、拠点間なら乗り捨てが自由だ。登録料は不要。契約違反などをした場合、1000元が引き落とされる契約を結ぶが、問題がなければ支払う必要はない。16年末の会員数は全国で40万人だったが、筆者が環球車享を訪問した17年11月時点では140万人に急増した。

写真6-1

利用者は大学生ら若者や環境保護を重視する市民が中心。買い物や通学、通勤の際に「最寄駅から自宅まで」など短距離を利用する人が多い。長距離の旅行に使ったり、企業が営業回りに利用するケースもある。1台当たりの1日の平均稼働時間は3.7時間。

環球車享の担当者は利用者が急増している理由について、「免許証は取得しても自分で車を買えない若者らに、レンタル自転車の感覚で気軽に利用できる点が受けている」と話していた。

保有車はすべて位置と稼働状況を24時間体制で監視しており、盗難などの心配もないという。

（上海にて、湯浅健司）

らＩＴ技術を駆使した機能は、米グーグルを始め世界のＩＴ大手が研究、開発を急いでいる。中国には、ネット検索最大手の百度（バイドゥ）、電子商取引最大手のアリババ集団、ネットサービス大手の騰訊控股（テンセント）という「ＢＡＴ」と呼ばれる巨大企業がＩＴ業界に君臨する。３社もそれぞれ自動運転などの実験を急いでおり、その成果は中国の自動車メーカーの発展に多大な恩恵をもたらすだろう。実際に「ＢＡＴ」は中国のＥＶのスタートアップ企業に出資して、事業化を支援する動きも見せている。

政府の支援も大きい。上海市政府は傘下の国有企業を通じＥＶを使ったカーシェアリング事業を展開するほか、同市北部に設置する自動車産業の集積地「上海国際汽車城」は工業情報化省による「国家スマート・コネクティング自動車テストモデル区」の認定を受け、中国企業に自動運転などのテスト走行の場を提供している。「封閉式テスト区」というトンネルや塗れた路面などの環境を備えた試験場もあり、企業は安全試験や通信環境の試験などを実施できる。試験場を企業に提供する動きは江蘇省無錫市などにも広がっている。

4　飛躍するメーカーの横顔

自動車業界の新しい潮流は、国際的な企業の勢力図を大きく書き換える可能性がある。「ガソリン車では中国企業はもはや世界に追いつけないが、新エネ車の分野には無限の可能性が広がる」（尹・上海同済汽車設計研究院副総経理）。では、どのような企業が、今後、世界的な存在となっていくのだろうか。有望視される幾つかの企業の横顔を紹介する。

4-1　中国初の純粋民営メーカー、浙江吉利控股集団
～ボルボ買収で飛躍、ダイムラーにも出資

中国の華東地区中部に位置する浙江省。ここでは共産党による建国以前から、大小様々な民営企業が無数に存在した。わずかな資金で機械を手に入れ、自宅を工場として商売を始める。商才さえあれば誰もが成功するチャンスがあり、そのうちの何人かは海外にも手を広げていく。浙江吉利控股集団の創業者、李書福・董事長はそんな「浙江商人」の一人である。小さな写真館で稼いだ資金をもとに冷蔵庫の部品メーカーを興し、改革開放路線に乗って会社は急成長。冷蔵庫、建材と市場のニーズをとらえながら業容を拡大し、二輪車を経て、2000年から乗用車の本格生産を始めた。

吉利は現在、総資産は2000億元、従業員数は7万人を超える規模にまで成長しているが、その自動車事業の歴史は当初から苦難の連続だった。民営企業の同社は国有企業のみを対象に政府が定めた「三大三小」の枠組みに組み入れられるどころか、自動車製造の免許を取得していなかった。李董事長の回顧録(4)などによると、出張先の四川省でたまたま見つけた小さな国有自動車工場を買収し、同社を母体として乗用車事業をスタートさせたという。買収した工場は小型バスしか生産していなかった。自動車産業の黎明期ならではの「グレー」な手法で、現在なら許されないだろう。

吉利が正式に国の認可を得たのは2001年。ただ、第一号モデル「豪情」はベンツやダイハツのデザインを模倣し、エンジンは他社が合弁生産したもの、変速機もフィアット製とツギハギだらけ

で、雨漏りまでする始末だった。筆者は03年に浙江省にある吉利の工場を訪問したことがあるが、塗装前の車体が屋外に山積みされ、雨にさらされていた光景を目にした。円滑な工程管理ができておらず、従業員もけだるそうに作業していた。

創業者は製品に関する知識がなく、社内には目立った技術者もなく、政府の後ろ盾もない。中国では似たような境遇から抜け出せず、大手の物真似をするだけで消えて行く企業が数多ある。吉利はどうやって、泥沼の状態から脱出できたのか。すべては時代の流れに敏感で、優れた経営感覚を備えた李董事長の手腕によるところだが、彼の戦略には、いくつかのポイントがある。

一つは人材育成だ。乗用車事業を始める際、地元の大学から新卒を大量採用したが、辛い仕事を嫌って全く定着しなかった。この反省から李董事長は２０００年に自ら技術者を養成するための専門学校「北京吉利専修学院」を創設。同校は14年、政府の認可を受け、総合大学「北京吉利学院」となっている。

二つ目は２００６年から13年まで副総裁を務めた趙福全氏の存在だ。趙氏は吉林工業大学を卒業後、日本や英国を経て米国に渡り、ダイムラー・クライスラー（現ダイムラー）のテクニカルセンターの役員として働いた経歴を持つ。04年に帰国し遼寧省瀋陽市の華晨金杯汽車で働いていたのを、李董事長が三顧の礼をもって吉利に迎え入れた。趙氏は設計からデザイン、生産工程の改善、衝突実験に至るまで、吉利の開発体制を一貫して強化するとともに、世界中で培った人脈をフルに活用して優秀なエンジニアを招き入れ、吉利の人材の厚みを増した[5]。13年には吉利を離れ、現在は清華大学教授として中国の自動車産業全体のために尽力している。

決定的な要因は積極的なM&A（合併・買収）戦略にある。趙氏の入社に前後して、李董事長の目は海外に向き始める。2005年に独・フランクフルトモーターショーに、翌06年には北米国際自動車ショーにそれぞれ初出展。さらに同年、英マンガニーズ・ブロンズ・ホールディングスと合弁で「ロンドンタクシー」を生産することで合意した。09年には初の本格的なM&Aとして、豪州の変速機メーカー、DSI社を約50億円で買収した。

一連の海外展開はさらなるM&Aへとつながっていく。2010年、米フォード・モーターから傘下の高級車ブランド「ボルボ・カー」（スウェーデン）を18億ドルで買収した。中国の自動車メーカーとしては最大規模の海外買収案件であり、中国メディアは「蛇が象を飲む事件」として、こぞって大きく報道した。

李董事長は買収に際してボルボが持つ品質や安全性、環境技術への強い期待を表明。経営への過度な介入は避けつつ、時間をかけて優れた技術やデザインの手法を学ぶ考えを示した。李氏の寛容で賢明な方針はボルボの経営を安定させるとともに、吉利が投資した18億ドル以上の効果をもたらす。研究体制の強化と相まって、15年ごろから吉利の車は目に見えて品質が改善。16年の販売台数は前年比で50％増の76万台に急伸し、さらに17年は63％増の124万7116台と販売目標の110万台を大きく上回った。18年は158万台の販売を目指している（図表6-7）。

吉利はボルボとEV開発で連携を強めていく方針だ。先進技術や部品調達の分野で協力を深めるための合弁会社「GVオートモービル・テクノロジー」（浙江省寧波市）を設立。合弁会社を通じて、環境技術やプラットホーム（車台）、モーターなどの技術情報を共有するほか、部品の共同調達によ

図表6-7　浙江吉利控股集団の販売台数の推移

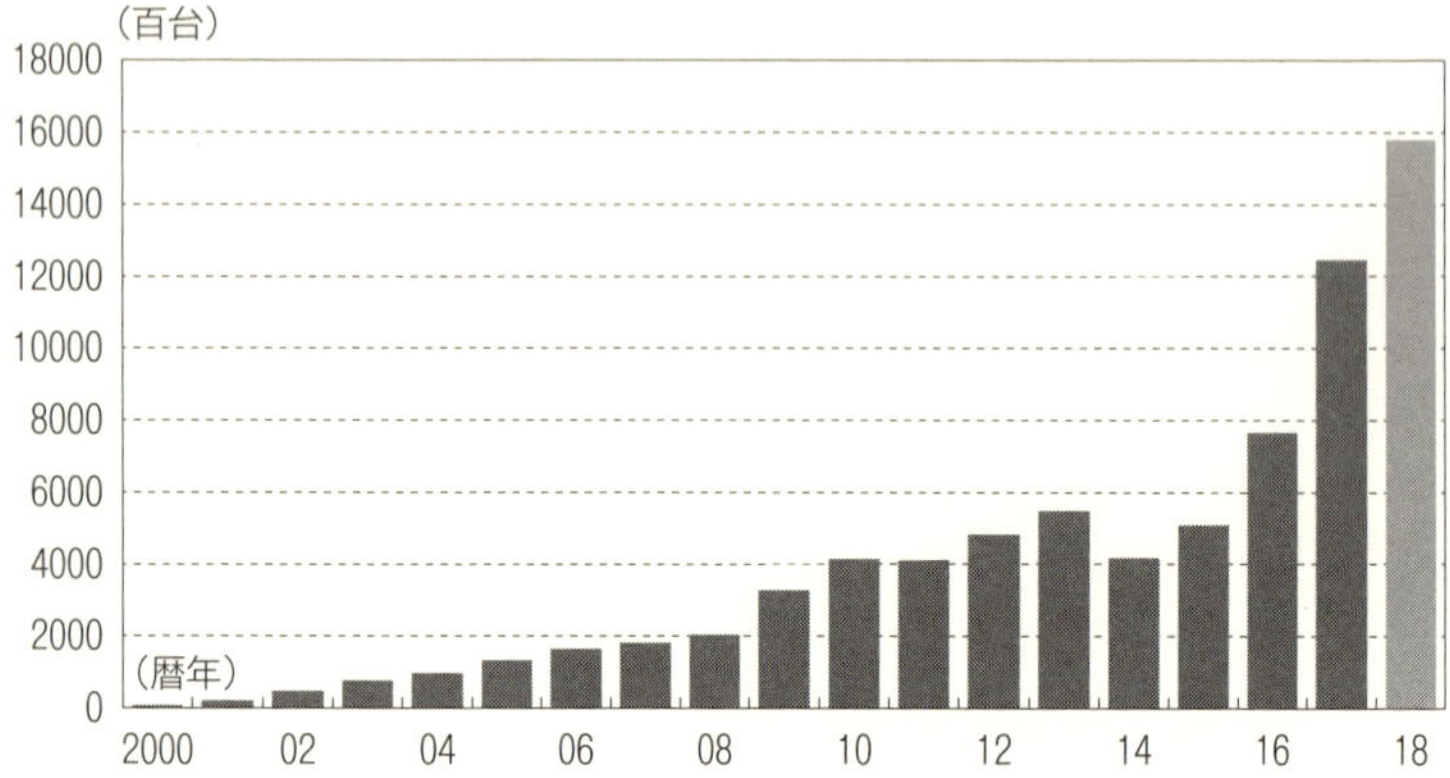

（出所）会社の決算発表資料などから作成、18年は目標。

るコスト削減策も探る。

「GVオートモービル」とは別に、吉利が16年に発表した新ブランド「Lynk & Co」（リンク・アンド・コー）を手掛ける新会社も共同で設立。17年11月に発売された同ブランド初の量産車「01」（写真6-2、筆者撮影）は吉利の今後の方向性を示す車といえる。ボルボのデザイナーがデザインした外観は、他の国産車とはまったく違った洗練されたフォルムとなっている。外観だけでなく、機能も斬新。車はインターネットと接続した本格的な「コネクテッド」カーで、保有者が車を使わない時間帯にほかの人に貸し出すことができる「シェア機能」を、量産車としては世界で初めて標準装備した。車内の液晶モニターに「シェアボタン」があり、例えば「午後◎～×時」と保有者が車を使わない時間帯を設定すると、使いたい第三者がスマホのアプリで電子キーを解錠して使用する仕組みだ。価格は15万8800元から。河北省張家口市に年産能力20万台の専用工場を設け、生産ラインは徹底したスマート化・自動化を図っているとい

写真6-2 「Lynk & Co」ブランドの量産車「01」

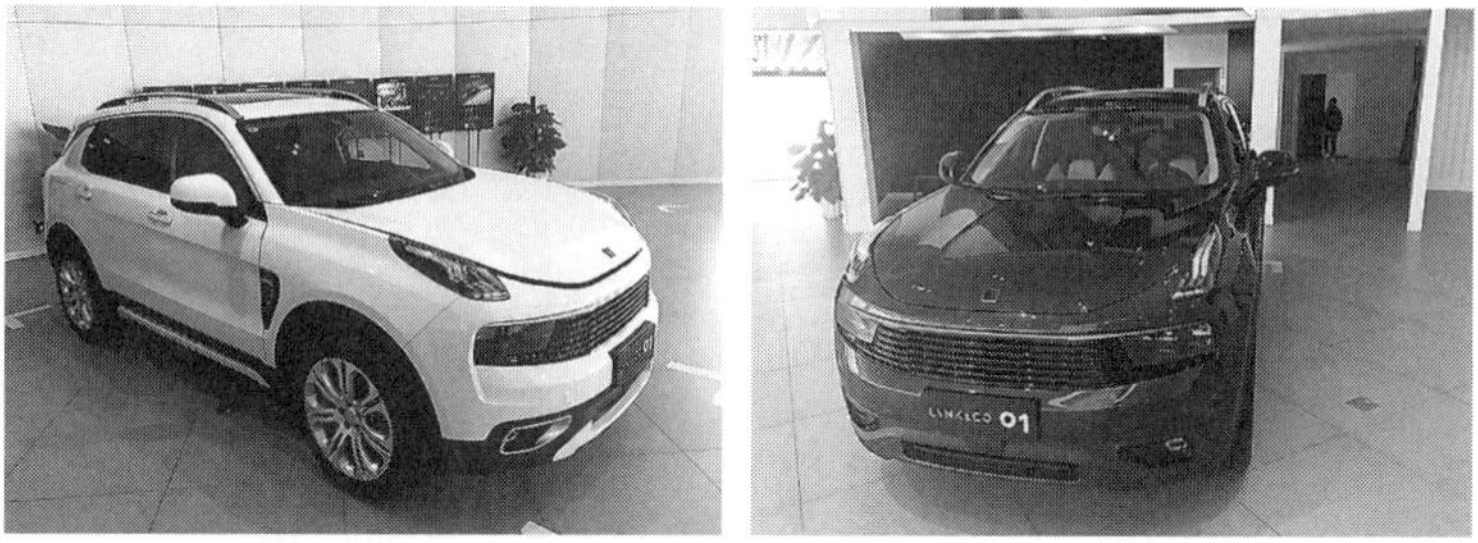

う。米国で現地生産する計画もある。

李董事長は海外展開にも意欲を見せる。２０１７年９月にはマレーシアの自動車大手、プロトン・ホールディングスの株式49・９％を約１２０億円で取得し、東南アジアでの布石を打った。プロトンの工場を活用して、18年末にも現地でＳＵＶの販売を始める。さらに、17年11月には、「空飛ぶクルマ」の開発を進める米ベンチャー「テラフジア」を買収すると発表。テラフジアは吉利の資金支援を受けながら、「空陸両用」の機体を開発。19年の発売を目指すという。[6]

２０１７年12月末にはボルボ・カーの親会社だったＡＢボルボの筆頭株主となると発表。出資額は32億５０００万ユーロに達するとみられる。そして、２０１８年２月には独ダイムラーの株式９・69％を総額約１兆円（推定）で取得し、同社の筆頭株主に躍り出た。ダイムラーへの出資は、ボルボとの連携や、吉利との間でＥＶ分野での提携を視野に入れているとみられる。相次ぎ大型投資を繰り出す李董事長の大胆さには驚くばかりだ。

吉利は２０２０年までに年産３００万台体制を整え、世界のトップ10入りを目標としている。李董事長が描く戦略は、どこまで広がっていくのか。創業時の物真似に過ぎない車からは想像もできない、成長した現在の姿を見ると、世界的な企業になるという目標は決して夢物語ではないように思える。

4-2　EVのユニコーン企業、蔚来汽車～自動車産業の水平分業化に挑む

新エネ車に商機を見るのは既存の自動車メーカーだけではない。中国では100社を超えるスタートアップ企業が新エネ車の商品化を目指しているとされる。その実力は玉石混交だが、最も有望視される新興勢力の一つが、上海市に本拠を置く蔚来汽車（NextEV）だ。自動車の総合情報サイト「易車」の李斌会長が2014年11月に立ち上げたばかりだが、17年3月には企業価値が10億ドル（約100億円）を超えたとされる。スタートアップから瞬く間に「ユニコーン」へと急成長した企業だ。

蔚来汽車は上海市北部にある「上海国際汽車城」の一角に本社を構える。ビルの中に足を踏み入れると、真っ先に青い流線型のEVスポーツカー「EP9」（写真6-3左、筆者撮影）が目に入る。最高時速は313キロ。2017年5月、ドイツにある1週20キロのサーキットコースで、EVとしてのコースレコードである「6分45秒90」を打ち立てた。炭素繊維強化プラスチックなどを使って軽量化を図り、航続距離は1回の充電で427キロに及ぶ。英国にある工場で生産しており、価格は1台1000万ドル以上。1台ずつオーダーメード式でつくり、李斌会長ら創業メンバーが購入したという。

手がけるEVはスポーツカーだけでない。全面的にアルミボディーを採用した7人乗りSUV「ES8」（写真6-3右）を2017年12月に発売。モーターを前後に配置した四輪駆動方式で、フル充

写真6-3　写真　蔚来汽車のEVスポーツカー「EP9」（左）とSUV「ES8」

電での最長航続距離は355キロ。交換式の電池モジュールパックも利用できる。23のカメラやセンサーにより運転操作の一部をシステム制御する「準自動運転機能」も備える。価格は44万8000～54万8000元（政府補助金相当の値引き前価格）と国産の他のEVより高い水準に設定し、高級感を訴えている。同社の担当者は「米テスラのSUV『モデルX』がライバル」と言い切る。

蔚来汽車はEVメーカーならではの、ユニークなビジネスモデルを採用している。本体で行う業務は①技術開発②モーターなど主要部品の生産③安全性などの検査④販売――に絞る。自社工場はモーター工場ぐらいで、EVの最終組み立ては大手メーカー、江淮汽車に委託する。「生産工程を水平分業化することで、早期の事業立ち上げが可能になった。スマートフォンにおけるアップルと鴻海（ホンハイ）精密工業の関係と同じだ」（同社）。

社員は現在、3000人。このうち2000人が技術者で、世界40カ国の自動車メーカーなどからスカウトした。米シリコンバレーにはAI（人工知能）関係の研究部門、独にはデザインセンターを置き、「世界中のスタッフをインターネットでつなぎ、上海で最終的に融合して製品化させる」という。

図表6-8　中国の主なEV新興企業

蔚来汽車	企業評価額は約29億ドル。7人乗りSUVを販売。生産は江淮汽車に委託
電珈汽車	コンパクトカー「EV10」を発売。浙江省紹興市に完成車工場を建設
雲度新能源汽車	福建省汽車工業集団傘下。17年10月に一号車「Π 1」発売。イタリアにデザインセンター
車和家	小型のスマートEVを開発。江蘇省常州市に工場
威馬汽車技術	独スポーツカー設計会社と提携。浙江省温州市に工場、18年からSUV「EX5」量産。バイドゥが出資
奇点汽車	安徽省銅陵市にEVの組立工場を建設計画。1号車iS6は航続距離400キロ
小鵬汽車科技	2014年の設立。17年10月、海馬汽車に委託しSUVを生産。アリババなどが出資

（出所）筆者作成。

生産も研究開発体制もＩＴ企業のような蔚来汽車の企業評価額は、米調査会社ＣＢインサイツによれば約29億ドルにのぼる。高い成長性を見込んで、株主にはバイドゥやテンセント、パソコン大手のレノボ・グループなど大手企業が並ぶ。バイドゥやテンセントは自動運転技術を研究しており、蔚来汽車を通じてそれを実用化する狙いもありそうだ。大手自動車メーカーも江淮汽車のほか、長安汽車が同社とＥＶの製造や販売で提携することを決めている。

中国では蔚来汽車のように、ＥＶ事業に参入する新興企業が相次いでいる（図表6-8）。自前の工場を持つ企業もあるが、大手自動車メーカーと提携し生産委託するケースも珍しくない。新興企業側は大手との提携で、多額の投資を避けつつ、車づくりのノウハウを取得できるメリットがあり、政府から製造許可を取得する手間も省ける。大手側は新興企業を取り込むことで、２０１９年から始まる新エネ車の一定比率の生産義務が達成しやすくなる。製造を受託する自動車メーカーの技術レベルなど課題も残されるが、パソコンやスマートフォンを製造するように開発者と製造者が水平分業により効率よく大量生産するモデルが自動車産業にも根付くのなら、中国企業からEV業界の覇者が生まれるかもしれない。

4-3　EV搭載用電池で躍進するCATL～日本、韓国勢と競う

新エネ車を巡っては、完成車だけでなく、部品の分野でも有望な中国企業が登場している。EVの中核部品である車載用電池の市場では、中国勢がすでに世界シェアの6割強を握り、2位の日本（シェア2割強）、3位の韓国勢（同1割弱）を大きく引き離している[7]。中でも、福建省に本社を置く新興企業、寧徳時代新能源科技（CATL）はBYDと並ぶ、2大メーカーのうちの一つだ。2011年に創業し、わずか6年余りで急成長を遂げた。どのようにして今日の地位を築いたのか、その実態を伝える情報は極めて少ない。外部の人間をほとんど寄せ付けず、自社のホームページには経営陣の紹介すら載せていない。神秘のベールに包まれた企業でもある。

CATLは日本のTDKが2005年に買収した香港のリチウムポリマー電池会社、アンプレックス・テクノロジー・リミテッド（ATL）の動力電池部門から、独立して発足した。このためCATLの創業メンバーにはATLの出身者が多い。その一人、曾毓群氏の経歴を追うと同社の実像が浮かび上がってくる。

中国の報道などによると、曾氏は福建省寧徳市の出身。1989年に上海交通大学を卒業後、福建省の国有企業に配属されたが、たった3カ月で辞めてしまい、香港の磁気ヘッド製造子会社、SAE

マグネティクス社が広東省に持っていた関連工場の技術者となった。およそ10年がたち、曾氏は31歳で工場の技術総括に昇格。SAE社のトップだった梁少康氏（後にTDK専務）から才能を認められ、当時、中国で普及し始めた携帯電話などに使う小型電池の開発を命じられる。曾氏は最初、躊躇したというが、電池の事業化を決断して99年、梁氏らとともに広東省でATL社を創設した。もっとも、技術は不足し、資金も十分ではないままのスタートだった。曾氏は中国メディアのインタビューに答え、当時のことを「みんなの熱意だけで会社を興した」と振り返っている。

米国のベル研究所から導入した技術に改良を重ね、電池の開発に取り組んだものの、その過程は失敗の連続。何度も挫折しかかりながら、電解液の配合に工夫を加えることで、ついにリチウム電池の国産化にこぎつける。韓国メーカーの半分の価格で容量は2倍という性能を武器に、中国の携帯電話市場を一機に席巻した。

ATLは携帯音楽プレーヤーやパソコン用の電池などに次々と事業を拡大していく。企業の成長性と技術力を見込んで、TDKが2005年6月にATLを買収。同社は株式売却で得た資金をもとに、さらなる事業拡大を目指し、その矛先は自動車業界に向けられる。曾毓群氏が率いる技術部隊が密かに研究し、実用化のメドをつけていたEV用電池を商業化するため、08年、曾氏の故郷である福建省寧徳市に新会社を設けた。新会社設立後、中央政府がEV用電池メーカーの外資規制を策定。日本企業であるTDK傘下のATLが全額出資した会社は外資規制の対象となった。規制を回避するため、ATLの幹部がそれぞれ個人出資などして別の会社を設けた。これが現在のCATLである。

CATLの戦略は①まず海外市場を開拓し、世界的な大手自動車メーカーと取引をして実績をつ

〈BOX：中国の車載用電池市場は 4 大メーカーが君臨〉

EV など新エネ車に搭載する「車載用電池」は、ガソリン車などに使われる鉛蓄電池やニッケル水素電池に比べ、小型で軽量化できるリチウムイオン電池が主流。同じ質量で比べるとニッケル水素電池の 3 倍、鉛蓄電池の約 7 倍の蓄電能力がある。

中国の 2016 年の車載用リチウムイオン電池の総出荷量は 28 ギガワット時（ギガは 10 億）。トップメーカーは BYD で、7.4 ギガワット時だった。BYD に CATL、深圳市沃特瑪電池、合肥国軒高科動力能源を加えた 4 社のシェアは全体の 65%を占め、5 位以下を大きく引き離している（図表 6-9）。

図表 6-9　中国の車載用リチウム電池市場のシェア（2016 年、%）

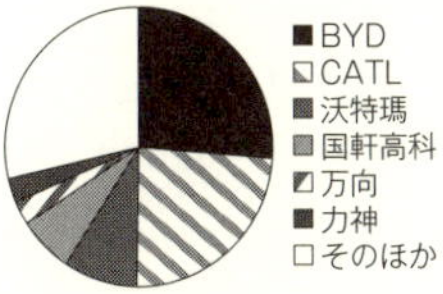

（出所）中国報告網。

図表 6-10　電池各社の増産計画

	2016 年	17 年末	20 年末
BYD	10	16	34
CATL	7.5	17	50
国軒高科	4	6	19.2
沃特瑪	3	4.5	12
力神	3	5	20

（単位＝ギガワット時）

（注）中国報告網から、16 年は生産能力。

上位 4 社のうち、深圳市沃特瑪電池は、深圳証券取引所の新興企業向け市場「創業板」に上場する陝西堅瑞沃能（陝西省西安市）の電池子会社で、2002 年に発足した。中国でリン酸鉄リチウムイオン電池を手がける草分け的なメーカーの一つ。16 年の出荷量は 2.5 ギガワット時で、第一汽車や東風集団などに納入している。

合肥国軒高科動力能源は 2006 年の設立。07 年 2 月からリチウムイオン電池の生産を開始した。親会社は珠海国軒貿易で、北京汽車集団などと取引がある。16 年の出荷量は 1.9 ギガワット時。総額 48 億元を投じて、電池や電極などの増産を計画しているほか、日本の大阪に開発拠点を設けている(8)。

中国政府は 16 年秋、メーカーが相次ぎ新規参入した車載電池業界を健全化するため、産業政策の策定に着手。策定の過程で「メーカーは最低でも年産 8 ギガワット時能力が必要」との指針（後にこの指針は撤回）を示した。当時、BYD 以外はみな 8 ギガワット時以下だったため、各社は能力増強の計画を相次ぎ表明。中国の市場調査などを手がけるネットメディア「中国報告網」によると、上位 4 社の年産能力は 16 年が合計 24.5 ギガワット時だったのが、能力増強が計画通りに進むと、20 年には 115 ギガワット時に拡大する。特にすさまじいのが CATL だ。1 社だけで世界需要の 2 倍近い能力に膨張することになるという（図表 6-10）。

くる②中国国内では真っ先にEVが浸透しそうな大型バス向けを手がける③充電設備用の電源市場も開拓する——の3段階で展開された。初期の電池は独BMWが採用し、それをきっかけで欧州メーカーとの取引が始まった。14年にはドイツで子会社を設けたほか、フランスにも営業拠点を設置。欧州での実績をもとに、中国のバスや乗用車メーカーにも幅広く採用されるようになり、16年の車載用電池の出荷量は6・7ギガ（ギガは10億）ワット時と、中国メーカーではBYDの7・4ギガワット時に次ぐ第2位となった（図表6-9）。[9]

CATLには、世界の大手企業が注目している。電子機器の受託製造サービス（EMS）世界最大手の鴻海（ホンハイ）精密工業は2017年3月、子会社を通じてCATLの約1・2％の株式を10億元で取得。また、中国の経済紙「第一財経」によると、米アップルはCATLとEV用電池の共同開発を計画している。[10]中国の自動車メーカーでは、上海汽車集団が17年6月、江蘇省常州市でCATLとの共同出資工場の建設に着手。投資額は100億元にのぼり、18年末に稼働の予定だ。新工場の年産能力は当初は10ギガワット時で、CATLはさらに能力増強を進めて、20年までに年産50ギガワット時の体制を整える計画（図表6-10）。資金確保のため、株式上場も計画している。

CATLの経営や技術開発には、母体であるATLの経営陣が、今でも深く関わっている模様だ。ATLは現在もTDKの有力なグループ企業の一つである。広東省の小さな工場から始まったサクセスストーリーは、日本企業に裏打ちされた確かな技術力と経営陣に支えられている。

5　高まる業界再編の機運～一汽、東風、長安に統合の動き

1956年に長春第一（現第一汽車集団）が「解放」ブランドのトラックの生産を始めてから60年余りが過ぎた今、中国の自動車メーカーは「脱ガソリン車」の潮流を追い風に、新たな成長の道を懸命に模索している。彼らの試みは、これまで見てきたように、海外の先進企業を買収して、その技術力を巧みに取り込んだり、旧来のビジネスモデルを大転換して、大手との協業により事業を起こそうとするケースもある。

こうした新たな挑戦は、民営企業によるものが目立つ。中国の自動車産業の「60年の歴史」を支えてきた「3大3小2微」の大型国有企業も政府の支援を受けて自主創新の道を探るが、外資に頼らず、自力だけで事業強化を進めるには限界もある。国有企業改革の流れもあって、大手の間には「脱ガソリン車」の動きをテコにした企業再編の機運が高まっている。

その象徴的な動きが、第一汽車集団と東風汽車集団、長安汽車の大手3社による提携だ。

3社の提携は、まず異例の首脳人事から始まった。2017年8月、第一汽車と長安汽車の経営トップが入れ替わったのだ。長安汽車を傘下に持つ中国兵器装備集団の徐留平総経理が第一汽車の董事長に転出。第一汽車董事長の徐平氏は反対に中国兵器装備集団の董事長となり、長安汽車の董事長も兼任した。徐平氏はかつての東風汽車の董事長。15年に東風汽車と第一汽車の経営トップが相互に交代し、徐平氏は第一汽車の董事長になっていた。今回の人事で第一汽車、東風汽車、長安汽車の間

でトップがぐるりと入れ替わった形だ。

さらに３社は17年12月、包括的な戦略提携で合意。①ＥＶや自動運転などの新技術開発②カーシェアリングなど新しい販売手法の研究――などの分野で連携するという。３社の関係はトップの入れ替えから、さらに具体的な事業内容にまで一歩踏み込んだ形となり、近い将来、一機に経営統合にまで歩みを進める可能性がある。

習近平政権は国有企業改革の一環として、鉄道車両やエネルギーなど様々な分野で、巨大国有企業の合併を進めている。規模の拡大により世界的な企業を作り出す狙いだが、まだ自動車業界では大型合併が実現していない。

３社は外資との合弁生産分を含めれば、合計で１０００万台の生産台数となり、世界トップクラスの規模となる。今後予想される自動車業界の激しい変化の中で、政府には「中国の自動車業界を底上げするため、この３社を１つにまとめて中核的な存在とする」という思惑があるのだろう。

３社は一汽、東風、長安はそれぞれトヨタ、日産、ホンダ、マツダ、スズキと合弁会社を持つ（図表６‐１）。３社が統合することになれば、これら日本勢の中国事業にも大きな影響を与える。

民営の新興勢力が台頭するにせよ、超大型国有企業が誕生するにせよ、中国の自動車業界の今後の動向に、日本企業は目を凝らす必要がある。

【注】

（１）第一汽車集団のホームページから（http://www.faw.com.cn/）。

（２）「エコカー新規制、外資が対応苦慮」日本経済新聞、２０１７年10月21日。

（3）「部品網の構造変化に備え、標準化で問われる独自性（経済教室）」浜口伸明・神戸大学教授　日本経済新聞　２０１７年９月26日。
（4）王保衡（２０１３）『李書福伝』ハルビン出版社。
（5）「吉利汽車の躍進支える広島大学出身の中国人副総裁と日本の自動車産業」日経ビジネスオンライン２０１１年11月16日。
（6）「吉利汽車、米『空飛ぶクルマ』買収」２０１７年11月15日、日本経済新聞朝刊。
（7）「中国、車用電池シェア６割」２０１７年10月14日、日本経済新聞。
（8）同社のホームページから（http://www.hfgxgk.com/）。
（9）「２０１７年動力電池行業整合加速，竜頭効応明显」２０１７年７月20日、中国報告網。
（10）「苹果可能真的在造車，在中国秘密開発動力電池」２０１７年７月20日、第一財経ＡＰＰ。http://www.yicai.com/news/5318825.html

▶ 第7章

輝き始めたアグリビジネス

——規模拡大と「食の安全」に商機あり

日本経済研究センター兼日本経済新聞社 編集委員

吉田 忠則

☞ Point

- 中国の農業は大きな構造変革期にある。変化の向かう先は、日本と比べても規模が小さい農場の大規模化と、機械化による生産効率の向上、さらに食の安全・安心を高めるための有機農業の普及などだ。政府はこれらの実現のため様々な施策を打ち、有機農業の生産規模は日本を上回るようになった。
- 構造変革の担い手の1つが、協同組合的な組織の農民専業合作社である。合作社の中には経営規模が100ヘクタールに達する農場もある。しかも、そうした農場は農薬や化学肥料を減らして農産物を栽培し、ブランドの価値を高めながら、生産から販売へと経営の領域を広げつつある。
- 食の安全を求める中国の消費者、経営の革新を追求する農場の双方の需要に対応することで、日本企業にも商機が開ける。その分野は農機から有機農産物を扱うリテールビジネス、農場経営まで多岐に渡る。各分野とも中国企業との競争は激しく、勝ち抜くには絶えざる市場の変化への対応も必要だ。

注目データ　中国のコメの生産効率は着実に向上している

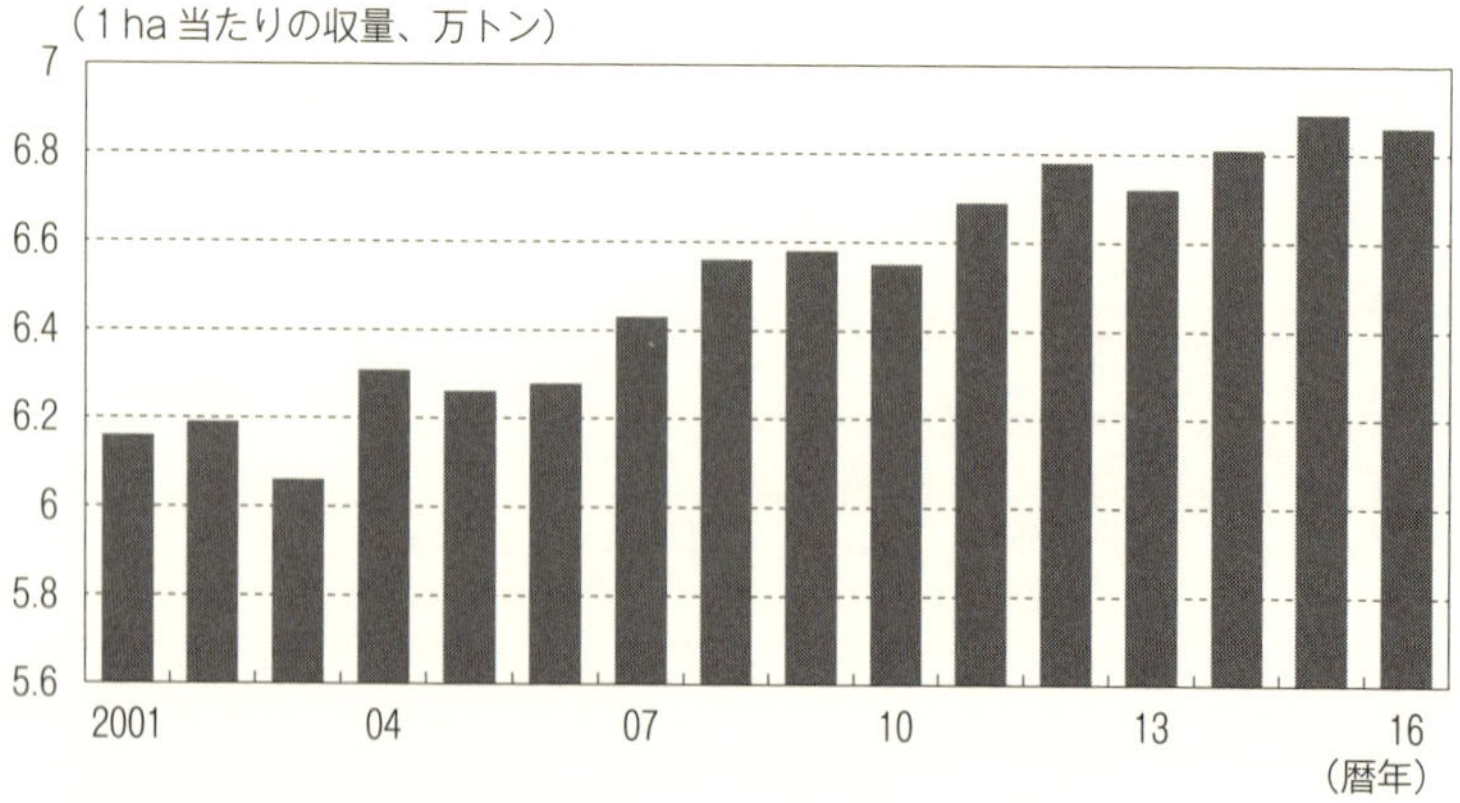

（出所）国家統計局『中国農村統計年鑑』から筆者作成。

1 「経営」の導入で生まれ変わる中国の農業

中国の農業は、改革開放による経済発展から取り残されたものと見られ続けてきた。そのことを、国内外に強く印象付けたのが「三農問題」という言葉だ。2000年3月、湖北省監利県棋盤郷共産党委員会の書記を務めていた李昌平氏は当時の朱鎔基首相に農村の苦境を訴える意見書を提出した。その中にあった一節、「農民は本当に苦しく、農村は本当に貧しく、農業は本当に危険」は三農問題を象徴する言葉となった。

翌年の2001年、中国は世界貿易機関（WTO）に加盟した。中国語で言う「入世」である。この後、中国は経済規模で日本を抜く驚異の高成長のプロセスを経ながら、「世界の工場」から「世界の市場」へと躍進した。その影で、三農問題は今日に至るまで、経済的にも社会的にも解決できない不安材料として位置づけられている。

言うまでもなく、戸籍による農村と都市の分断と、そのことがもたらす様々な社会的な不平等が示すように、三農問題は制度と実態の両面で解決を楽観できるような状況にはない。筆者が現地調査で目にした、北京～上海間の高速鉄道の車窓に広がっていた荒涼とした農村風景や、調査で訪ねた一部の農村のすさんだ光景に焦点を当てれば、きらびやかな都市部とは対照的な農村の負の側面を告発する報告になるであろう。

だが、本章の目的はそこにはない。「苦しく、貧しく、危険」というイメージを覆すような農業と農村の構造変革の芽は、確かに育ちつつある。そのための陽光となり、養分となっているのは農業への「経営」の導入である。協同組合的な経営組織、農民専業合作社はアクターの1つとして、それを担いつつある。

経営とは何か。かつて日本の農業経済学に多大な影響を与えた東畑精一氏はシュンペーターの理論を援用し、「新しき与件に『最も巧みに適応する』ことは正に一個の創造的事業なのである」と指摘した。これは「ただただ年々歳々ルーチンに外れまいとするだけ」という営農と対比した表現である。東畑氏はここで「日本農業を動かすもの」という言葉を使った。[1]その核心部分に「経営」がある。

今の中国に目を転じれば、「新しき与件」に満ちあふれている。経済成長で購買力が増した国民の食生活を支えるため、食料の増産は引き続き最大の課題である。一方で、都市化の進展で農村人口は急激に減少しつつあり、課題に応えるためには農場の規模拡大や機械化による生産効率の向上は避けて通れない。食料不足の不安を脱した国民は、食の安全・安心への要求を急速に高めており、生産管理の向上もまた農業の課題となる。市場経済のもとで変容する農業へのニーズに応える方法は、経営の確立しかない。

中国政府は課題に対応するため、農家の生産意欲の刺激や機械化の促進、農場の規模拡大、農薬や化学肥料を使わない有機農業の支援などを推進してきた。そうした政策の流れを概観するとともに、その成果として実現した経営の先進例を紹介するのが本章の目的である。構造変革に対応し、チャンスをつかもうとする日本企業の取り組みも取り上げたい。

2　生産効率と安全性向上に挑む

2-1　コメと小麦、高まる生産性

近年の中国農業は、単位面積当たりの収量の向上による生産効率の改善が続いている。国家統計局が２０１７年12月に発表したデータによると、同年の食糧生産量は６億１７９１万トンで、前年比０・３％増となった（図表７-１）が、作付面積は同０・７％減の１億１２２２万ヘクタールだった。１ヘクタール当たりの収量は５５０６キログラムで、増加率は１％。面積が減ったにもかかわらず、収量が増えたことは生産性の向上を端的に示している(2)。

国家統計局農村司の侯鋭首席統計師は、この結果を２つの側面から解説した。１つは、「作付体系の見直し」。生産刺激的な補助政策を受け、過剰在庫が深刻になっているトウモロコシの栽培面積が減ったことを示す。もう１つは、「自然災害が比較的軽

図表 7-1　中国の食糧生産は今世紀に入り増産基調にある

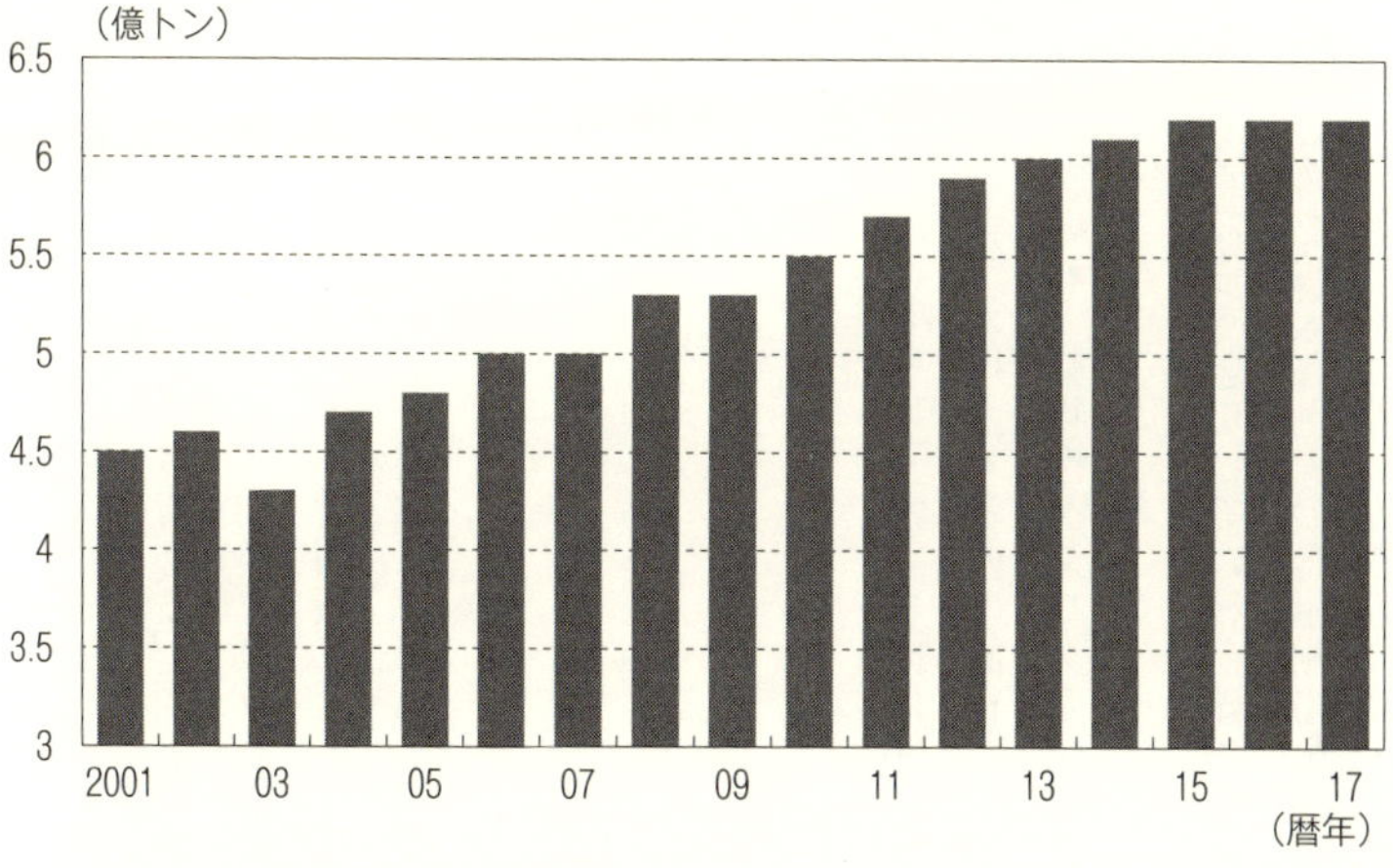

（出所）国家統計局『中国農村統計年鑑』などから作成。

微で対策が適切だった」。豊作が単収増に結びついたとの説明である。

この説明は2017年に絞れば適切なものであろうが、農業構造の変化には触れていない。見落としてはならないのは、生産性の向上は豊作による偶発的なものではないという点である。国家統計局の調査によると、16年のコメ（籾ベース）の生産量は2億708万トンと、20年前の1996年と比べ、6・1％増えた。小麦も同じ期間に16・5％増となった。この間、コメの作付面積は3・9％減り、小麦に至っては18・3％の大幅減となった。作付面積の縮小と、生産量の増加は17年だけの例外的な現象ではないことがわかる。

トウモロコシの事情はコメなどとはやや異なる。2016年までの20年間で、生産量が72・2％増えただけでなく、作付面積も50％増えた。面積、収量ともに増率はコメと小麦をはるかに上回っている。背景にあるのが、所得の向上に伴う食生活の変化である。具体的には、動物性タンパクの摂取量の増加を指す。

都市と農村の町に住む人の2012年の豚肉の購入量は15年間で38・6％増えた。鶏肉は66・2％増え、牛乳は174・5％と大幅に増えた。一般に、鶏肉を1キログラム生産するのに飼料としてトウモロコシは4キログラム、豚肉なら7キログラムが必要とされている。動物性タンパクの生産は、重量ベースで数倍の穀物を要求する。(3)

トウモロコシの作付面積と収量の動向は、飼料穀物としての需要の急増を映している。経済成長による所得の向上に伴い、1990年代半ばには、中国が大量に穀物を輸入し世界の食糧相場を不安定にすることへの懸念が高まった。足元で見る限り、主食のコメと小麦はほぼ自給を達成している。これに対し、トウモロコシは大幅な増産にもかかわらず、輸入が増えており、中国の食糧政策の動向とその成否に関心が集まっている。

2-2　価格支持政策で生産意欲を刺激

主要穀物の動向を確認したうえで、中国の農業政策を別の観点から俯瞰してみよう。ポイントは3つある。1つは増産とそれを支える機械化である。残りの2つは食料生産への経営の導入と、安全性の向上だ。後述するが、3つのポイントは現場の経営で一体のものとして追求されており、また、日本企業が商機をつかむためのカギともなる。なお、欧米や豪州などと比べ、圃場が著しく零細で分散し、非効率な点で日本は中国と似ている。日本と比較すると、中国の農業を理解しやすい。

中国の穀物の増産を支えているのが、価格支持政策である。中国は政府が食糧を買い上げ国民に供給する制度を2004年に全面的に廃止し、食糧流通を自由化した。日本が1995年に実施した食糧管理制度の廃止に相当する措置だ。混乱の回避策は別のものとなったが、自国の穀物の国際競争力を損なったという点では共通している。

日本が採った混乱の回避策は、コメの生産調整（減反）の継続である。減反は本来、食管制度に伴う財政赤字を解消するための制度だったが、同制度の廃止後はコメの作付制限による米価の下落防止策に変質し、日本の稲作の効率向上を妨げてきた。高齢農家の引退による生産基盤崩壊の危機を前に、減反制度は2018年に廃止された。

中国は農家の生産意欲の低下を防ぐため、コメは2004年、小麦は06年に最低買付価格制度を導入した。買付価格を通じ、相場の下落を防ぐ制度である。トウモロコシについても名称は違うが、07年に同様の制度を導入している(4)。

政府は人件費や化学肥料など資材費の上昇に合わせて買付価格を引き上げ続け、国際競争力を低下させた。トウモロコシは価格が国際相場を上回った時点で商品価値を失い、2016年の輸入量は317万トンと06年の45倍になった。この時点で価格支持政策は事実上破綻し、補助金で生産者の所得を一定程度補償する制度に切りかえた(5)。ただ、14億の人口を抱え食料を海外に依存することが難しい中国で、価格支持政策が増産を支えた意義は否定できない。主食であるコメと小麦は自給を前提に、今後も手厚い保護策を放棄できないであろう。

2-3　増産を可能にした化学肥料と機械の投入

価格支持政策が農家の生産意欲を刺激したのに対し、増産を可能にしたのは栽培方法の変化である。2016年の化学肥料の投入量は5984万トンと、00年と比べて44・3％増えた。この間の農地面積の増加率は6・6％であり、化学肥料の投入が増収を支えたのは明らかだ。なお、16年の化学肥料の使用量は前年比では0・6％減った。日本と同様、中国も農薬と化学肥料使用の抑制を奨励しており、このデータは注目すべきであろう。

栽培方法の変化でさらに重要なのは、機械化である。中国は2004年ごろを境に、農機購入に対する補助金助成を本格化させた。16年の大中型トラクターの保有台数は645万4000台と、00年比で6・6倍に増えた（図表7-2）。小型トラクターの保有台数は1671万6000台と大中型を

図表 7-2　大中型トラクターの保有台数の推移

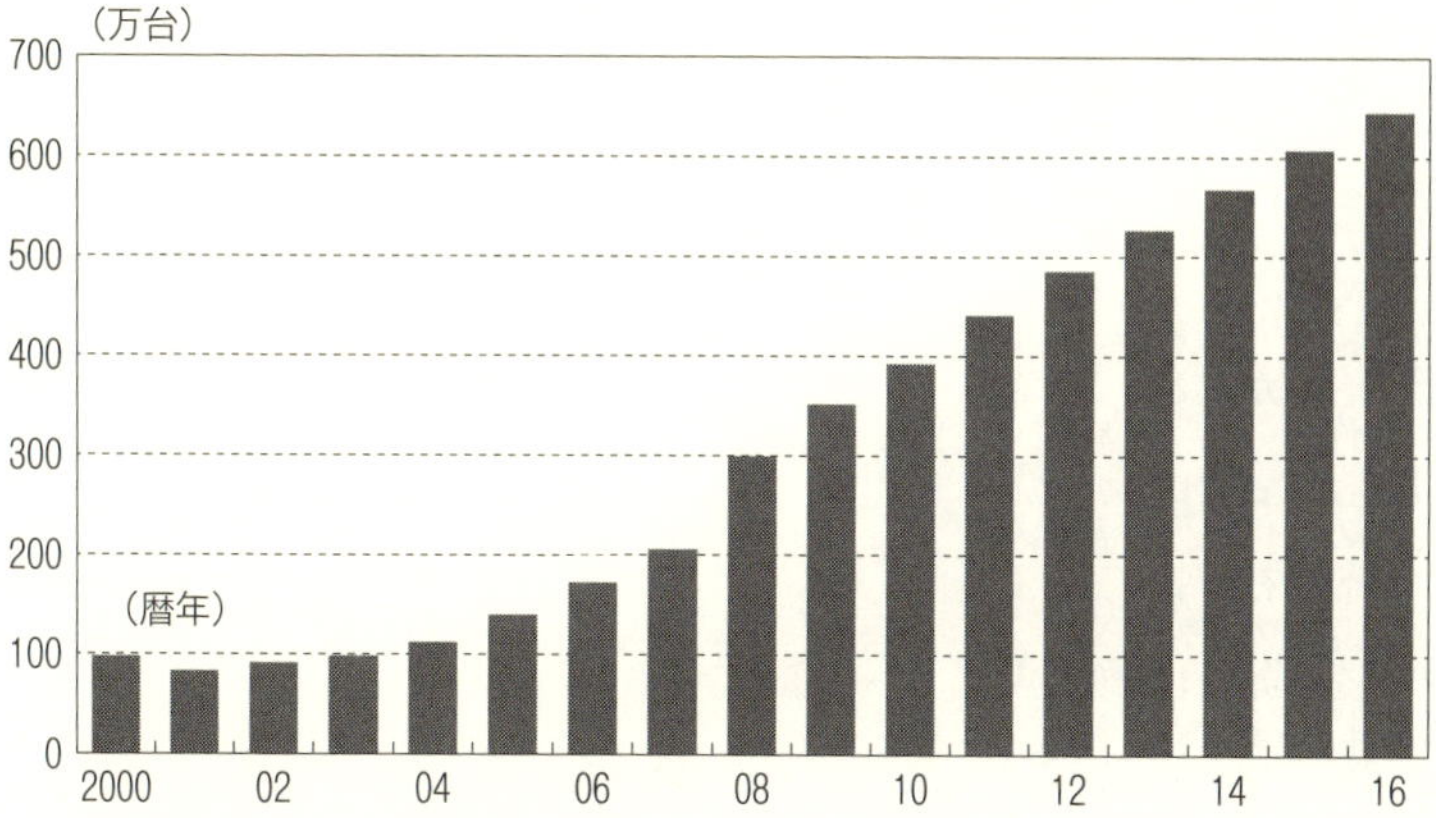

（出所）国家統計局『中国農村統計年鑑』から、大中型はエンジン動力が 14.7 キロワット以上。

上回っているが、この間の伸びは32・2％増にとどまっており、機械の大型化が進んでいることが分かる。作業効率を高める機械化の進展は、作付面積の拡大や農業への経営の導入と表裏一体の関係にある。

中国は制度の柔軟性が日本と比べて高く、機械の普及の度合いに応じて助成対象を適宜見直している。最近は普及が遅れている田植機やコーンコンバイン、乾燥機に補助をシフトしつつあり、日系農機メーカーの戦略にも影響を与えている。

2-4　経営規模の拡大を担う農民合作社

政策動向で次に触れるべきは、農業への経営の導入であり、その象徴的な担い手は「農民専業合作社」である。1978年に始まる中国の改革開放路線は、人民公社の解体と家族単位の生産請負制度の導入が起爆剤になった。文化大革命で崩壊状態にあった経済の立て直しは食料の増産を起点にしていたのであり、栽培努力が家計の改善に結びつく生産請負制の普及は食料生産の刺激に大いに貢献した。

この過程は、極度の食料難に陥っていた終戦後の日本と重なる。連合国軍総司令部（ＧＨＱ）の指導で日本は農地を小作農に解放し、劇的な食料増産を達成した。その弊害として、「１戸当たり１ヘクタール」と言われる零細な農業構造が誕生し、大規模化による効率の向上が農政の最大の課題になった。中国の場合、田植えや収穫などの作業請負を通した「農業のサービス業化」が進んでおり、栽培面積を測るのは簡単ではないが、「１農家当たりの平均面積は０・59ヘクタール」という試算が示すように、零細経営の克服は日本と同様に喫緊の課題である。(6)

農民専業合作社はこうした事情を背景に誕生した。その萌芽は改革開放が始まったばかりの１９８０年代にさかのぼる。家庭単位に細分化された営農では水田の水利施設など農業インフラの建設が難しく、農業の産業化は難しいとの指摘が出始めた。家庭単位に分散した経営を再統合することが農業の課題として浮上し、90年代に入り経済の市場化が進むと、再統合の必要性は一段と高まった。小規模経営のままでは市場の需要に対応した農産物の販売や機械の導入による効率化、最新の栽培技術の導入に限界があることが意識され始めた。(7)

中国の報道によると、山西省が日本の農協制度に学び、１９９４年に省内の４つの県を合作社の試行地区に選んだことが、合作社の始まりという。同年、山東省莱陽市も日本企業からヒントを得て、農産物輸出のために合作社の設立を提唱した。その後、各地に合作社が広まっていった。(8)

合作社が法的に位置づけられたのが２００７年。中国農民専業合作社法が施行され、農業の産業化の担い手として政策の後押しを受けることが制度として確定した。同法によると、構成員の中心は農民で、入社と退社は自由。構成員は平等の立場にあるとしており、協同組合的な組織であることがわかる。

資材の調達と農産物の販売が主の日本の総合農協とは違い、農産物の生産から加工、収穫の代行、農機サービスの提供など事業領域は多様で、かつ合作社ごとに事業内容は大きく異なる。もともと各地で自然発生的に誕生してきたため、地域の実情に合わせて必要な事業から手がけてきたことが背景にあると見られる。

報道によると、合作社の数は2017年9月時点で193万3000に達し、参加する農家の数は1億戸を超すなど、農業の担い手としての存在感を高めつつある。複数の合作社が共同で設立し、共通のブランドなどを作る「聯合社」も7200社を超えた(9)。17年12月27日に開かれた全国人民代表大会常務委員会で聯合社の法的地位を明確にする改正農民専業合作社法が採択されるなど、合作社を軸にした農業の構造改善政策が一段と鮮明になっている。

2013年の中央1号文件では合作社などと並び、今後の担い手として「家庭農場」という分類が提起された。家族労働を中心に規模を拡大していく経営を指す。

国家統計局が2014年に河南省の50戸の家庭農場を対象に実施した調査によると、経営規模は平均で26・3ヘクタールと、零細経営の域を十分に脱していた(10)。日本で稲作の大規模家族経営のモデルが30ヘクタール程度とされているのに照らしても、経営の水準が一定のレベルに達していることがうかがえる。

家庭農場は新しい農業経営の担い手としてスローガンとして打ち出されたものであり、詳細には不明な点がある。既存の大規模化の中心的な担い手である合作社と、切り離して発展することを目指す経営体でもない。むしろ、合作社とは取引のうえで共存し、補完し合う関係にある。[11]

2-5　有機栽培を中心とする安全・安心の追求

農政のさらなる重点分野が安全・安心の確保である。中国には食の安全に関し、3つの認証制度がある。[12]その1つである「緑色食品」は、食品の安全に対する消費者の不安を軽減するために1990年ごろにスタートした。緑色食品には2分類あり、そのうちA級は農薬と化学肥料の使用を減らして作った農産物で、日本の特別栽培に近い。AA級は有機食品の国際基準に適合した生産管理が必要とされる。

2つ目は「有機食品」で、国家環境保護総局が1994年に中国有機食品発展センターを設立し、認証制度が始まった。さらに2002年には農業省が中緑華夏有機食品認証センターを設置し、検査認証業務を開始した。有機食品は、人工合成した化学肥料や農薬、遺伝子組み換え作物などを排除した栽培が条件となる。14年には改正有機産品認証管理弁法が施行され、有機食品の偽装などへの罰則が強化された。

3つ目が「無公害食品」で、農業省が2001年に無公害食品行動計画を作成し、スタートした。残留農薬の検査など食品の安全性の向上と環境への負荷の低減をポイントにした制度で、農薬や化学肥料の抑制や排除を目指す緑色食品や有機食品と比べると、認証を受けるうえで生産者の負担は小さいものと見られる。

近年、中国政府が有機食品や緑色食品の認証制度など安全・安心を高める政策を強化しているのは、消費者の強い要求があるからだ。その背景には、食の安全を脅かす事件や事故が後を絶たないこと、食料不足への懸念が後退し、消費者の求めるものが量から質へと変化していることの２つがある。

中国の有機農業は１９９０年代に輸出向けの農産物を生産するために始まり、99年以前は有機農産物のほとんどが日本や欧米に輸出されていた。中国のスーパーなどで有機食品が当たり前のように並ぶ現状は、経済成長で庶民の暮らしが豊かさを増し、より様々な分野で高度なサービスを求めるようになっていることと軌を一にする現象である。

中国で安全・安心を訴える食品はどれだけ普及しているのであろうか。国家認証認可監督管理委員会と中国農業大学の共同報告によると、２０１４年の認証書の発行数は１万１４９９と、04年と比べて５００倍以上に増加した（図表7-3）。認証の有効期間は1年のため、発行数はその年に中国の基準で有機食品と認められていた食品数とほぼ同義になる。特に12年以降高い伸びを示していることは、安全な食品に対する消費者の需要が一段と高まり、供給側がそれに応えようとしていることを示す。

同じ報告によると、２０１４年の有機産品の国内の販売量は43万２０００トン。販売額は推計で３０２億元（約５１００億円）に達しており、そのうち93・7%を加工品が占める。主な加工品は酒類、バターなど乳製品、茶など。植物類は全体の５・４%で、果物、穀物、野菜などの販売額が大き

図表7-3　中国の有機産品の認証数の推移

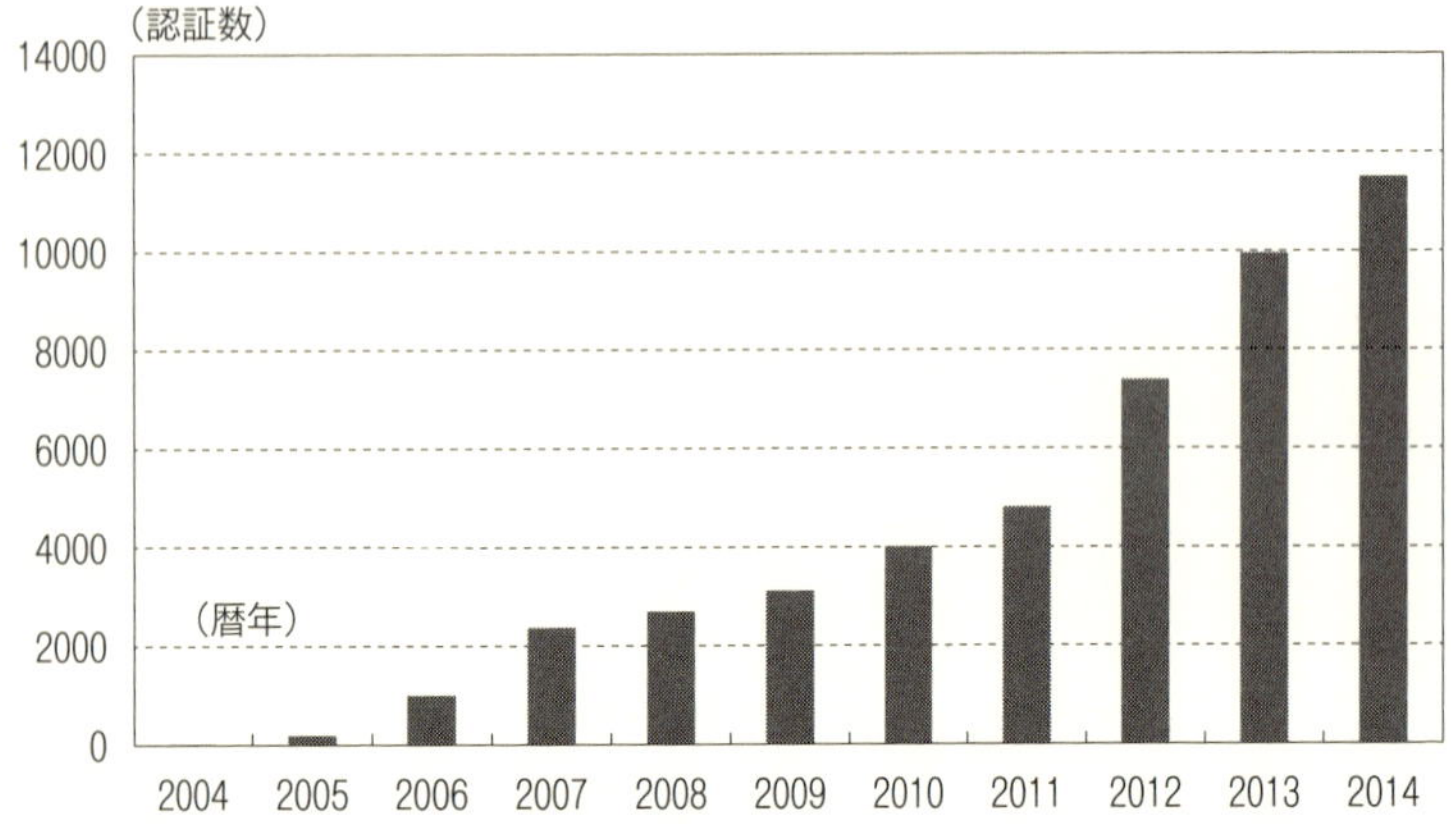

(出所) 国家認証認可監督管理委員会など『中国有機産業与有機産品認証発展』から作成。

い。そのほか水産品や肉類などがある。

２０１４年に中国から海外に輸出された有機産品は28万５０００トンで、中国の生産者にとってはすでに国内の方が大きな市場になっていることがわかる。輸出先を国別に見ると、オランダが最も多く1億６０２９万ドル。以下、ドイツ、英国、米国、フランスが続き、日本は第6位で２５１７万ドルにとどまっている。欧米と比べて日本は有機食品の市場が小さく、中国の輸出戦略も欧米を意識したものになっていることが原因と見られる。

スイスを拠点にする有機農業の研究機関、ＦｉＢＬの２０１７年の発表によると、２０１５年時点の中国の有機産品市場は小売りベースで米国、ドイツ、フランスに次いで大きく、全体の６％を占める(図表7-4)。日本は上位10カ国に入っていない。有機農業の栽培面積で見ると、中国はオーストラリア、アルゼンチン、米国、スペイン

図表 7-4　世界の有機産品市場の国別シェア（2015年）

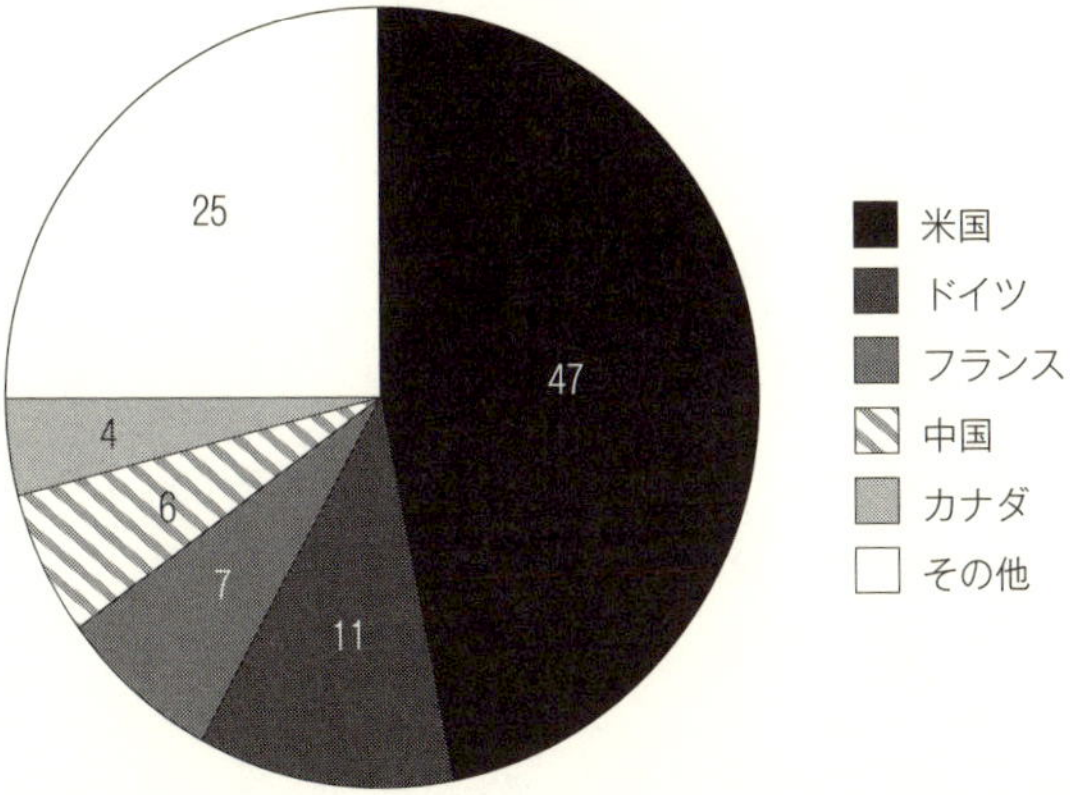

（出所）FiBL“The World of Organic Agriculture 2017”から作成。

に次ぐ5位だ。日本では中国の食品の安全性に対して否定的な見方が多いが、有機農業に関する限り、生産国としても市場としても日本よりも国際的な存在感を示していることがわかる。

2-6　制度への根強い不信感も

もっとも、上記の統計データがただちに中国の食品の安全性を担保しているわけではなく、中国の消費者が有機食品認証を手放しで信じているわけでもない。中国のメディアも「有機食品はなぜこんなに値段が高いのか」「有機食品が本物か偽物かをどうやって見分けるのか」といった記事を盛んに報道している[13]。

筆者が２０１７年12月に中国でヒアリングした際も、ある農業関係者から「認証機関から、４万８００0元出せば認証書を発行する、と言われた。生産方法は問われなかった」という話を聞いた。

食品や飲料から衣料、家電製品、紙幣に至るまで、様々な分野で偽造品に悩まされてきた中国の消費者が、有機食品に関する制度をすべて信用するとは考えにくい。

これは、農民専業合作社にも共通する課題である。一部の合作社は合作社法の規定に反し、正式な会議を開かず、理事長の独断で経営が行われ、現金の管理や使い方がいい加減で、経営陣に対する内外からの監督の仕組みが不完全だ、との指摘が今も根強くある(14)。合作社の数が統計的に増えているからと言って、その分だけ農業構造が変わったと即断することはできない。

ただし、社会と経済の構造が大きく変動している中国は、政策や企業行動によるプラスの面と、副作用や仕組みの欠陥といったマイナス面のバランスを、慎重に見定める必要がある。

零細で非効率な農業構造を変えるのは避けて通れない方向であるし、合作社はその担い手であり続ける。そして、担い手のもとで、経営規模の拡大や大型の農機の活用、さらに緻密な栽培管理に基づく安全・安心の追求が可能になる。

3　規模拡大と安全性の向上を追求する合作社の先進例

ここまで、中国の大規模化や農機の投入による生産性の向上と、農薬や化学肥料の削減による安全性の向上が農業と農政のテーマになっていることを概観した。その受け皿となる合作社の中身を理解するため、実例を紹介したい。

筆者は２０１７年12月、江蘇省蘇州市の中心部から北へ70キロメートルほどのところにある張家港市塘橋鎮金村農機サービス専業合作社（金村農機合作社）を訪問した。理事長の呉健氏は46歳で、もともと農機のオペレーターの仕事をしていたが、国の政策の流れを受け、09年に金村農機合作社を設立した。社名は地名からとっており、呉氏は「金村の名前をブランドとして、村の知名度を高めたい」と話す。

麦とコメの二毛作栽培を事業の柱とし、設立当初の請負面積は53ヘクタールだったが、現在は100ヘクタールの大型経営に成長した。今後さらに130ヘクタール超に拡大することを目指している。周辺の農場を対象に、耕運や育苗、田植え、圃場管理、収穫、コメと麦の乾燥といった農機を使う作業請負も手がけている。一貫生産が一般的な日本と違い、中国では以前から農機を使ったサービス業的な経営が盛んで、金村農機合作社は自社の一貫生産との両輪で経営を成り立たせている。

保有する機械はトラクターが10台、田植え機が25台、管理機が5台、コンバインが14台、乾燥機が12台、精米設備が1台、農用車が10台と、零細な中国農業のイメージを一新する機械化を実現している。農機は国内外のメーカーから調達しているという。

呉氏によると、合作社を作ったメリットは「農機を集め、チームを作り、農機サービスを統一的にできるようになったことにある」という。作業時間の手配や管理を大規模な圃場で組み立てることで、作業効率を高めた。農機を使った作業や農機のメンテナンス、コメや麦の乾燥など各部門に8人の責任者を置き、チーム制を敷いている。純収入は100万元を超えており、企業的な農業経営で利益を出せることを実証した。

金村農機合作社のもう1つの特徴は、コメのブランド化戦略である。「金村大米」というブランド名のコメを、農薬や化学肥料の使用を減らした緑色食品として販売。化学肥料や農薬を使わないアイ

写真7-1

慶事用の紅い袋に入れた「金村大米」　　合作社と家庭農場のプレート

（出所）筆者撮影。

ガモ農法による「稲鴨米」も商品化している。婚礼や出産、自宅の新築などの慶事に合わせ、赤いパッケージのシリーズも作るなど、品ぞろえを多様化している（写真7-1左）。主な販路はショッピングモールなどの大型小売店やコメの専売店、インターネット通販の3つ。生産から販売までコントロールしている点で、すでに「生産者」の域を脱している。販売部門を統括しているのは、張家港市華田家庭農場という組織である。

金村農機合作社と華田家庭農場の看板は同じ場所に並んで掲げられており（写真7-1右）、両者は実質的には不可分な組織と見られる。制度があって経営が生まれるのではなく、政府の補助を引き出すため、経営がその時々の制度を利用する。合作社も、その連携型である聯合社も、実態を制度が追いかけているのが中国の実情であり、それぞれの経営の制度的な違いを突き詰めてみても、体系的な整理から実態がこぼれ落ちる可能性がある。

金村農機合作社に農機を納めている日本の大手メーカー、クボタの中国法人、久保田農業機械（蘇州）によると、同社は取引先の中でも極めて先進性が高いという。政策に対応しながら、大規模化や機械化を通した効率の向上と、安全・安心の追求によるブランドの価値の向上をともに模索している好例と言えるであろう。

4　農業構造の変化に対応する日本企業

この項では、「生産性の向上」「農場の規模拡大」「安全・安心の追求」という中国の農業・農政の流れに対応する日本企業の事例を紹介したい。筆者が２０１７年12月に上海、天津、蘇州市でヒアリングした内容をまとめたものである。

4－1　クボタ、規模拡大へ大型機械を売り込む

クボタの中国法人、久保田農業機械（蘇州）は２０１７年、江蘇省蘇州市の工場を増設し、ほぼ同じ規模の第２工場を設けた。建屋面積は２・８ヘクタールで、同年11月からトラクター、12月にはホイールコンバインの生産を開始。この２つの農機はクボタの今後の中国戦略を象徴する機種である。

中国のトラクター市場は70馬力以下が40％、70〜１００馬力が20％、１００〜２００馬力が35％、２００馬力以上が５％（いずれも台数ベース）という構造で、小型と大型に人気があるという。クボタはこれまで70、85、95馬力のトラクターを製造していた。

同社は中国のユーザーから「壊れにくい」「運転していて疲れない」「アフターサービスが充実している」といった品質・サービス水準の高さが評価されている。ただ、製品群は、農民専業合作社や家庭農場などの大規模農場が政府の支援を受けて増加する市場の変化に対応しきれていない、という危

写真７-２　蘇州第２工場で生産するホイールコンバイン

（出所）筆者撮影。

機感があった。第２工場は当面、１００～１２０馬力のトラクターを手がけるが、最大１５０馬力まで製造が可能で、将来的には１７０馬力にまで高めることも視野に入れている。

世界の農機メーカーをみると、「ジョンディア」のブランドで知られる最大手、米ディア・アンド・カンパニーやオランダのCNHインダストリアルなども中国に進出している。彼らが手がけている２００馬力以上の超大型農機は、ユーザーは国有の巨大農場に限定される。クボタはボリュームゾーンで、かつ高品質の農機を求める層をターゲットにして差異化を図る戦略だ。

さらに同社は、水田農機が大半を占める従来の販売構成を改め、畑作農機の比率を高めようとしている。そのため第２工場では、中国ではまだ機械化率の低いトウモロコシなどの収穫に使うホイールコンバインの製造を始めた（写真7-2）。クローラー式ではなく、ホイール（タイヤ）式を採用したのは理由がある。日本のコンバインは水田に対応するため、接地圧の低いクローラー式が主流だが、トウモロコシなどの地面が固い畑作ではホイール式の方が効率的だ。世界の標準もホイール式であり、第２工場で製造するホイールコンバインは中国だけでなく、世界戦略の一環という位置づけもある。

２００４年から農機への補助金が本格化したことで、農業の機械化が進んだことにすでに触れた。補助金は中央政府だけではなく、地方政府も独自の基準で支給している。クボタによると、穀物の一大産地である黒竜江省は近年、田植え機について独自の基準による補助金を始めたという。例えば、農機が田植えと同時に施肥できる機能を持っていることを、補助金の支給条件にした。田植えと施肥を同時に行えば、排出ガスを抑制するとともに、稲の条に合わせてピンポイントで施肥することで肥料の使用量を削減できるからだ。田植え機が田んぼを旋回する時、車輪跡にできる凹凸をなくす整地ローターを備えることも、支給条件に加えた。

いずれも日本のメーカーでは一般的だが、中国のメーカーはほとんど扱っていない機能である。補助金を支給する目的が、単なる機械の導入ではなく、より効率的な農作業の実現を目指していることを示す例であろう。

４‐２　「家畜の健康」で市場を開拓するアサヒカルピスウェルネス

次に、アサヒカルピスウェルネスの現地法人、可爾必思（上海）商貿を取り上げる。可爾必思は中国語で「カアルピス」と読み、カルピスの音に似せた社名である。同社は中国の家計の所得向上や食生活の変化による動物性タンパクの摂取量増加と、食の安全・安心の向上という、２つのポイントに関連した商材で市場の開拓に取り組んでいる。家畜の腸内環境を改善する生菌剤の一種、枯草菌である。

乳酸菌は動物の腸内のひだをコーティングし、悪性の菌が体内に取り込まれるのを防ぐ役割を果たす。この乳酸菌の働きを助けるのが枯草菌だ。乳酸菌は嫌気性のため、経口摂取しても、腸にたどり着くまでに多くは死んでしまう。これに対し、枯草菌は好気性のため、生きた状態で腸に届き、空気の少ない腸内環境を作って乳酸菌を助けるという役割を果たす。納豆菌は枯草菌の一種である。

枯草菌などの生菌剤は濃厚飼料に混ぜて家畜に投与する。腸内の菌叢を最適化することで、家畜の健康を保つための資材である。飼料投与量に対する増体の比率が向上し、死亡によるロスが減るなどの効果が認められている。抗生物質の投与を抑制できるのも効能の1つ。つまり、生産性と安全性の両面の向上に貢献することができる。

欧米では特に抗生物質の抑制の観点から、生菌剤への需要が高まっているという。中国は2000年以降に市場が立ち上がり、最近は政府も関心を強めている。消費者の安全・安心への要求の高まりを背景にした動きの変化の一環である。現地の報道によると、自然科学分野の最高研究機関、中国科学院は17年12月、人の健康と環境の保全に対する微生物の役割を研究するプロジェクトを立ち上げた。中国科学院微生物研究所の劉双江所長は取材に答え、プロジェクトには5つのテーマがあることを明らかにし、その1つが家畜の腸内微生物の研究であるという(15)。

アサヒカルピスウェルネスは枯草菌を「カルスポリン」の商品名で国内外で製造・販売している。微生物研究の中で生まれた商品である。2004年から中国向けに輸出していたが、2011年の東日本大震災による原発事故で輸出できなくなり、13年に現地法人の可爾必思（上海）を作り、浙江省でOEM（相手先ブランドによる生産）体制を築いた。

2007年のカルスポリンの販売量は米国が250トン、日本が70トン、中国が5トンだった。これに対し、17年の見込みは米国が400トン、日本が100トン、中国が50トンと、中国向けの伸びが突出している。21年の計画はそれぞれ600トン、1200トン、1000トンで、中国での販売量が日本に迫る。

現在の中国の枯草菌市場でのシェアは推計で3〜4%。可爾必思（上海）はカルスポリンの商品力に期待し、将来は3割程度のシェアを取ることができると見込んでいる。商品力とは①熱への耐性②家畜のフンを顕微鏡で調べたとき、菌が確実にいることを検出しやすい特性③投与を最適化し抑制することを可能にするコンサルティングの体制——という。1000トンという2021年の販売計画は同社が見込むポテンシャルと比べるとかなり控えめで、計画を大きく上回る販売実績を達成することを目標にしている。

4-3　リテールビジネスで食の安全を訴求するイオン

消費者との接点にあるリテールビジネスにも触れておこう。イオンとイオンモールは2017年10月、天津市の中心から南東10キロメートルの津南区にショッピングモール「イオンモール天津津南」を開店した。周辺には大型のマンションが立ち並び、天津大学や南開大学などの大学関係者が多く居住している。地下鉄の建設計画があり、天津市中心部へのベッドタウンとしても人口の増加が見込まれる地域である。

両社は中国ですでに23カ所でモール型ショッピングセンターを展開しており、天津市内はこれが4

写真7-3　イオンモール天津津南の有機野菜コーナー

（出所）筆者撮影。

カ所目。敷地面積は9・1ヘクタール、延べ床面積は19ヘクタールの広大なモールで、衣料品、雑貨、飲食、化粧品、宝飾品など２１０の専門店が入居している。中核店舗はスーパーマーケット「イオン天津津南店」で、北京市に本部のある永旺商業が運営している。

スーパーの生鮮売り場には有機野菜のコーナーがあり、白菜が1キログラム35・9元で販売されていた。市内の一般店の白菜に比べて10倍以上の高値であり、無農薬栽培に高い価値を認める消費者が一定数いることを示す。

有機野菜のコーナーの近くに「天聖農業」というブランド名のコーナーがあった。清華大学発のベンチャー企業、華清農業開発の技術で土壌改良をした畑で作った野菜を販売している。華清農業開発は収量の低下につながる塩類土壌やアルカリ土壌を改良する技術を持っている。永旺商業は２０１７年4月に河北省の農場を視察し、畑を作る段階から協力していくことで合意した。土壌改良は作物の健全性を高め、農薬や化学肥料の投入を抑制することにもつながる。清華大の技術に裏付けられた栽培方法で消費者に安全・安心を訴える取り組みと言える。

安全性の追求は他の小売店との差異化だけではなく、当局の要請という側面もある。２０１５年6月、中国チェーンストア協会は国家食品薬品監督管理総局の指導のもとで、「脈を診る運動（診脈活動）」という名前の活動を始めた。同年10月の改正食品安全法の施行に対応するのが目的である。まず内外資を合わせ20の大手スーパーが試行対象となり、イオンもその中に含まれた。(16)

改正食品安全法が要求したのは、問題が起きてから対処するのではなく、リスクを未然に防ぐ方法の導入であり、業界団体が規範を設けることであった。「脈を診る運動」ではこれに対応し、自主検査と第三者検査を柱に、スーパーが食品の安全を確保するための全国共通の仕組みを設けることを目標に掲げた。

永旺商業はこれを受け、店舗の担当者による毎日のチェックと、本部の品質管理担当による毎月のチェック、さらに第三者機関による半年ごとのチェックという3段階の検査体制を導入した。例えば、毎月のチェックでは手洗いの方法や温度管理、期限管理、保管場所、加工方法など20余りの項目を点検する。同社によると「国の意向が背景にあり、中国の方が日本より厳しい面がある」という。

併せて、営業本部の下にあった品質管理部を、２０１５年9月から総経理の直轄にした。営業の都合で品質管理が左右されるのを防ぎ、品質管理を経営の核心部分に位置することを鮮明にすることが目的だ。実効性を高めるには従業員教育の徹底が必要になる。これも中国チェーンストア協会の指導のもとに実施した。

4-4　有機食品の宅配に乗り出したオイシックスドット大地

イオンが様々な品ぞろえの1つとして有機野菜のコーナーを設け、売り場の特徴を出しているのに対し、有機農産物に絞って事業を始めたのがオイシックスドット大地だ。2017年9月に上海愛宜食食品貿易を設立、日本で培ったノウハウをいかし、同12月から有機野菜の宅配サービスを開始した。愛宜食は中国語で「アイイシ」と読み、オイシックスの音に似せて付けた社名である。

サービスを開始する際、最も力を入れたのが、仕入れた野菜が本当に農薬や化学肥料を使っていないかどうかの確認である。有機認証のシールが貼ってあっても、必ずしも全てが有機農産物の基準を満たしているとは限らないからである。

同社の品質チェックは3段階に分かれる。まず、専門のスタッフが農場を訪ね、畑の様子を確認する。経験を積んだスタッフが土の状態などを見れば、農薬や化学肥料を使っていないかどうか、おおよそ分かるという。この際、生産者に所定の栽培管理表に必要事項を記入してもらう。

目視による確認の次が、第三者機関による検査である。土と水、野菜のサンプルを取り、残留農薬の有無を含め、安全性を化学的にチェックする。3つ目が味の確認。野菜を生で試食し、おいしいかどうかを点検する。安全・安心だけがセールスポイントで、味を伴わなければ競争力を保てないからである。

こうしたチェックにより、まず8つの生産法人から20種類前後の野菜を調達して、宅配を始めた。常時100種類の野菜と、10種類程度の果物を提供できるようにすることを目標にしている。当面の顧客は上海に住む日本企業の駐在員やその家族。サービス開始時の定期購入会員は約60人。2018

年は1000人に増やす計画だ。

オイシックスドット大地は事業に先立ち、日本人を中心に約400人のモニターに、農産物の宅配サービスでどんなことを望むかを調査した。筆者は現地でモニターになった42歳の主婦にヒアリングした。彼女は「食の安全のことをすごく気にしていて、食材は主に日系のスーパーで買っている」という。中国系のスーパーに行く時も「『有機』や『無農薬』と書いてあるものを中心に買う」。そうした農産物については「信じるしかない」とも語っており、不安を完全には払拭できていないことをうかがわせる。このため、オイシックスのサービスについても「1回の検査だけでオーケーと言わないで欲しい。検査の時だけ清潔にしているのではないかと疑ってしまう」と話す。この発言は中国の農産物の安全性の実態とは切り離して考える必要があるが、中国に住む日本人の間には一定の不安心理があり、それが中国に進出したオイシックスにとっては商機となっていることがわかる。

オイシックスは中国に住む日本人という、限られた市場だけをターゲットにしているわけではない。知名度の高さから攻略しやすい日本人への販売をまず軌道に乗せるとともに、中国人を対象にした専門サイトを立ち上げることを計画している。

4-5　日本人が経営する農場の有機ブランド「ベジタベ」

最後に、日本人が自ら中国で経営している農場を取り上げたい。法人名は依思凱農業科技（上海）で、佐々木祐輔氏（写真7-4左）が董事長を務めている。

上海市の南端の奉賢区で2カ所、合計14ヘクタールの農場を運営している。組織は管理、営業、購

写真 7-4

依思凱農業科技（上海）の佐々木氏

土作りの現場

（出所）筆者撮影。

買、生産の各部に分かれ、社員とパートを合わせ、従業員は70人強。佐々木氏を除くとほぼすべて中国人である。営業に約20人を当て、栽培だけでなく、販路の拡大に力を入れている。

ほぼ農薬と化学肥料を使わずに育てており、有機栽培の農場としては大規模の部類に入る。佐々木氏によると、奉賢区は農業と紡績が主な産業で、工業団地の造成など新たな大規模開発の可能性がほとんどないため、安定的に農業経営ができるという。

天候の影響を受けにくい施設栽培を中心にしており、ガラスハウスが2棟、ビニールハウスが１６５棟ある。中には、規格外の野菜や害虫の被害にあった野菜などを活用して堆肥を作るビニールハウスや、ココナツの内側の渋皮と泥炭、排水性を高める効果のある石質の用土「パーライト」をミキサーで混ぜて土作りをするハウスもある（写真7-4右）。

依思凱農業は別の日本人が２００４年に設立した。佐々木氏はゴムやプラスチックを扱う商社の社員として広東省で働いていたが、11年に同社に移り、13年に経営を譲り受けた。親会社は日本の中部圏を中心に自動販売機による缶入り飲料の販売を手がけるサンポッカサービス（名古屋市）で、同社の社長は佐々木氏の父親である。

依思凱農業が扱う野菜のブランド名は「ベジタベ（倍吉他胚）」。栽培品目は多岐に渡り、ベビーリーフやハーブ類、果実、根菜など56品種を育てている。売り上げは2016年が913万元で、17年は1150万元を目標にしている。実現すれば、佐々木氏が入社した時と比べて、3倍近い急成長になる。

販路はスーパーが50％、ホテルとレストランが40％、残りの10％はインターネット通販による個人向け販売が占める。ベジタベは上海に住む日本人には一定の知名度を得ているが、特筆すべきは中国人市場を開拓した点にある。設立当初は日本人向けがメーンだったが、現在、売り上げの7～8割は中国人向けが占める。

スタッフのほとんどを中国人が占めるなど経営を現地化したことが、市場開拓に寄与する一方、日系企業であることも強みを発揮した。佐々木氏は「日本の農業は進んでいる、日本の野菜は安全、というイメージの高さが、業容の拡大の背景にある」と分析している。産業の様々な分野では今、日本企業が技術面で中国企業に追いつかれ、あるいは追い抜かれ、日本には無い新しいアイデアを持つ中国企業も誕生している。そうした中、食と農に関わる分野で「日本人が経営している」企業が一定の評価を得ている点は、日本企業の商機はまだ大きいことを示唆している。

中国は経済構造の変革期にあり、変化の波頭には新たなビジネスチャンスが潜む。農業はこれまで中国経済の中で遅れた分野というイメージが強かったが、食料生産の安定という国是を実現するために産業化に向けた模索が本格化している。変化が遅れていた分、農業には十分に商機が残されていると見ることも可能であろう。

5　中国を「沃野」と捉える

変化を映すキーワードは、規模拡大、機械化、両者を通した効率の向上、そして安全・安心である。機械化を除けば、日本も同じ課題に直面しており、日本企業がノウハウを活用する機会は十分にある。これは、様々な分野で競争力を失いつつある日本の産業界が、中国を「沃野」ととらえることができる数少ない領域とも言える。

ただし、他の分野と同様、日本企業が優位性を保つことができる保証はない。中国企業も次々と農業分野に参入しており、競争は激しさを増している。農機では国際展開をしている最大手の雷沃重工、枯草菌などの家畜のエサの生菌剤には山東宝来利来生物工程など多くの有力企業がひしめき、日本企業のライバルとなっている。安全・安心をうたう農産物の販売も同様である。

日本企業にとって重要なのは、単に日本で培ったノウハウを導入するのではなく、中国市場に合わせた商品やサービスを開発することである。クボタのトウモロコシ向けホイールコンバインはその代表例だ。有機農産物などは日本よりも市場が大きく、日本の経験だけでは対応できないことも数多くあろう。変化の激しい中国市場に適応し、機動性に優れた中国企業にいかに伍していくかが、商機をつかむカギとなる。

【注】

（1）東畑精一（1936）『日本農業の展開過程』岩波書店。
（2）「国家統計局農村司首席統計師侯鋭解読糧食生産情況」国家統計局ホームページ、2017年12月8日。
（3）末松広行（2008）『食料自給率の「なぜ？」』扶桑社。
（4）阮蔚「中国における食糧安全保障戦略の転換」農林中金総合研究所『農林金融』2014年2月号。
（5）阮蔚「生産者補償制度に転換した中国のトウモロコシ政策」農林中金総合研究所『農林金融』2017年4月号。
（6）藤野信之「中国の大規模稲作経営・家庭農場」農林中金総合研究所『農林金融』2014年2月号。
（7）馬桂萍（2016）『農民専業合作社与社会主義新農村建設載体研究』人民出版社。
（8）「農民専業合作社法実施十年」民主与法制網　2017年4月19日。
（9）「全国農民専業合作社数量達193万多家」中国人民政府網、2017年9月4日。
（10）「家庭農場成長条件与政策支持調査分析」国家統計局ホームページ、2015年1月16日。
（11）山田七絵「中国の新たな農業経営モデル」アジア経済研究所『途上国農業の新たな担い手』2016年3月。
（12）徐屹暉・岩元泉「中国有機農業の発展と有機認証システムの構築」『鹿児島大学農学部学術報告ｖｏｌ．63』。
（13）「有機食品，価高是否物美」人民網、2016年11月25日。
（14）李春生（2017）『転変我国農業発展方式研究』人民出版社。
（15）「中国科学院微生物組計画啓動」科学網、2017年12月20日。
（16）「全国将建统一的超市食品安全第三方核查機制」新華網、2015年6月21日。

【参考文献】

徐屹暉・岩元泉（2013）「中国有機農業の発展と有機認証システムの構築」『鹿児島大学農学部学術報告ｖｏｌ．63』。
末松広行（2008）『食料自給率の『「なぜ？」』』扶桑社。
東畑精一（1936）『日本農業の展開過程』岩波書店。

藤野信之（２０１４）「中国の大規模稲作経営・家庭農場」農林中金総合研究所『農林金融』２０１４年２月号。

山田七絵（２０１６）「中国の新たな農業経営モデル」アジア経済研究所『途上国農業の新たな担い手』２０１６年３月。

阮蔚（２０１４）「中国における食糧安全保障戦略の転換」農林中金総合研究所『農林金融』２０１４年２月号。

阮蔚（２０１７）「生産者補償制度に転換した中国のトウモロコシ政策」農林中金総合研究所『農林金融』２０１７年４月号。

FiBL (2017) "The World of Organic Agriculture 2017" February 9, 2017.

国家認証認可監督管理委員会・中国農業大学（２０１６）『中国有機産業与有機産品認証発展』中国質検出版社・中国標準出版社。

李春生（２０１７）『転変我国農業発展方式研究』人民出版社。

馬桂萍（２０１６）『農民専業合作社与社会主義新農村建設載体研究』人民出版社。

執筆者紹介

編著者

服部 健治　中央大学ビジネススクール・フェロー（第1章）
湯浅 健司　日本経済研究センター　首席研究員兼中国研究室長（第6章）

著者（執筆順）

渡邉 真理子　学習院大学経済学部教授（第2章）
真家 陽一　名古屋外国語大学外国語学部教授　前・日本貿易振興機構（ジェトロ）北京事務所次長（第3章）
金 堅敏　富士通総研　主席研究員（第4章）
丁 可　日本貿易振興機構アジア経済研究所　副主任研究員（第5章）
吉田 忠則　日本経済研究センター　兼日本経済新聞社編集委員（第7章）

中国 創造大国への道
―ビジネス最前線に迫る―

二〇一八年六月三十日　第一版第一刷発行

検印省略

編著者　服部 健治
湯浅 健司
日本経済研究センター

発行者　前野 隆

〒162-0041 東京都新宿区早稲田鶴巻町五三三
発行所　株式会社 文眞堂
電話　〇三―三二〇二―八四八〇番
FAX　〇三―三二〇三―二六三八番
振替　〇〇一二〇―二―九六四三七番

組版　モリモト印刷
印刷　モリモト印刷
製本　イマヰ製本所

ISBN978-4-8309-4999-9 C3034